騎在天使安排的道路上

張永威 著

【推薦序】

看到書名《騎在天使安排的道路上》，當下真的好有 FEEL 喔！因為現在的我，也正騎在天使安排的道路上。但相同的，天堂路前我們都曾經歷一段黑暗的魔鬼路，只要咬緊牙撐過，並從中去體悟去轉念，一旦突破，就是生命的轉折處。

挫折，並不是人生的盡頭，只是提醒我們該轉彎了；挫折，只是在人生的道路上多轉幾個彎，多繞一些路而已。也許反而讓我們看到更不一樣的風景，體驗到更不一樣的人生。看！超馬媽媽我不就是如此？多轉了幾個彎，多繞了一些路，還是回到了那條看不見的跑道上，繼續追逐下一段的精采人生。

朋友們！讓我們在人生道路上一起加油吧！

超馬媽媽　邱淑容

你有所愛的人嗎？有愛你的人嗎？

當摯愛離開，生活失去意義和重心，該怎麼辦？

作者張永威就面對這樣子的人生難題，好在他有一顆勇敢的心和純真的創意，用摯愛所遺留給他的美好記憶，加上自己的夢想憧憬，決定踏上美國一探究竟，尋找答案。

旅行中，他經歷格格不入的文化、思念的痛苦、身體的極限，極度地質疑自己為什麼而來，終究要面對內心的黑洞，該怎麼填滿？

當離開城市的繁華，騎過一個個的國家公園，他被眼前美景的征服，被人的良善軟化，他憤恨的鎧甲逐漸卸下……

這些偉大讓他顯得渺小，美好遠超過他的想像，他開始相信：摯愛的媽媽和姐姐也正和他一起體會這些感動，他用旅行紀念他們！

把這個好故事分享給你，希望在你所經歷的重大的失落中，也能夠找到繼續前行的意義，重新出發，祝福你。

鋼鐵人醫生　許超彥

大男孩張永威，說要流浪單車橫跨美國！我的第一反應就是：「嘿！一定不會修補胎！」

地廣荒野的美國公路上的酒瓶碎片，破胎必然多多！在荒郊野外，前不著村後不著店，前無古人後無來者，頂天立地，只有孤獨俠一人……自己不會補胎，誰補呀！於是，出發前三天，邀他到工廠補習單車的修護及補胎。果然而後，對於大男孩張永威的旅程有莫大幫助。

長途旅騎的座騎之正確選擇，是成功的一半。他選對車種……鋼管車 KHS 登山王，爬坡強、可荷重、吸震效果佳。

原來，大男孩張永威在接連喪失至親後，帶著挫折與迷惘，辭去工作，用一百零八天騎單車橫跨美洲，遭遇冰雹、穿越沙漠、穿越壯麗的國家公園、遇見溫暖的人等等，自我對話的成長心路歷程。

這不單只是單車遊記，更是大男孩自我成長蛻變，富有積極勵志的意義。開卷有益，就是本書《騎在天使安排的道路上》！

中華民國單車安全協會　理事長
KHS 單車學校　校長
謝正寬

《騎在天使安排的道路上》作者因失去摯愛的親人，對於他的人生打擊甚大，因而辭去工作展開旅程。在旅程中，遭受到許多挫折，這讓我回想起，當年因一場車禍，醫生判定我終身必定與拐杖相伴，但是因為我有著不服輸的精神，與醫生討論後，背著家人繼續騎自行車，靠著自行車做復健，最終與正常人一樣可以走路以及騎著我最愛的自行車。

走過低潮，終於在生命裡找到自己的方向，我可以，作者可以，相信廣大的讀者看完這本書之後，也可以在各自的領域中找到生命的方向。

亞洲車神　廖武雄

【出版人序】

張芳玲（太雅出版社總編輯／熟年優雅學院總監）

光，總是在黑暗的盡頭等候你

我是一位基督徒。這是唯一我為何要出版這一本書的原因。儘管永威不是教友，但是他的故事卻震撼了我，因為他的心靈歷程，跟我信仰中的「黑暗不能叫光不見」，是最貼切的寫照。

我或許會跟別人很簡短的說，《騎在天使安排的道路上》的故事就是：有一位男孩張永威，因為兩年內遭逢兩次喪親（媽媽、姊姊）的痛苦，他跑到美國用一百零八天橫跨東岸到西岸，騎掉他的悲傷和迷惘，重新找到面對未來人生的力量！然後我會把以下的話，留給我自己：我也曾瘋狂的騎車，在台北河濱公園，他騎一百零八天，我風雨無阻騎了兩年！我明白什麼叫作「痛」和「想把痛騎掉」。當我閱讀永威的旅程時，回憶中那段日子：午後陽光、微風、陣雨、暴雨、飛泥、逆風、煞車失靈、摔車、滿臉的淚水……，就像在翻閱一本舊相簿一樣，逐漸回到我的腦海。

當年，幾乎天天告訴自己：「我一定會走過來的」、「黑暗就要過去，光就近了」、「放心，一切會沒事的」……。

是的，後來沒事了，後來我重新面對我的人生，我幾乎感覺到自己好陌生，告別過去是痛苦的，但是走過來之後，體會到「新的自己」，卻是美麗的。我為何要出版《騎在天使的道路上》？每個人的一生，跟我、跟永威一樣，都會遇到暴風期或是黑暗深淵，幸運的話，我希望每個正在面臨人生考驗的人，能適時地讀到這本書。

「如果我沒有騎進沙漠，我就不會看見如同黃金般的大地，也不會看見夕陽西沉的美麗」、「或許在我們最痛苦那一刻，反而是最讓我們成長的那一刻」、「星星看來很靠近，其實距離數光年之遠，所以我們要珍惜身邊的好朋友，或許他只會出現片刻，卻可能是你生命的貴人」、「我們要學習從旅行中，找到屬於自己的那條路，那條路會告訴你許多你想得到的訊息。」……這些散落在各篇文章中，張永威獲得的啟發，將會帶給你心靈莫大的慰藉。

張永威為自己的著作，動機說得很清楚：「希望這本書，除了可以讓大家感受到旅途中美麗的風景和故事，也可以感受到我是如何學會面對我的人生，走出人生的黑暗面。」他雖然是第一次寫書，卻完美地達到他著作的初衷。

這一本書在製作的過程中，永威和相愛多年的女朋友素君結婚了，竟然從男孩子變成丈夫！這是出版之前的喜訊，也給了這本書最好的 Ending.

目錄 CONTENTS

前言

你是為了什麼去旅行？

這是在旅途中最常被問的問題，是夢想？是為了紀念？還是單純只為了好玩？

出發前我告訴自己，「自己沒那麼偉大啦，可以在旅行中認識自己。」一開始單純只是為了放下一切散散心而出發的。

我是一個很叛逆的小孩，大學時，為了逃避家中當時的生活困境，選擇離開家鄉去別的縣市念書，回家的時間少了，陪家人的時間也變少了；隨著年齡和想法漸漸地成熟，我慢慢了解，人到了一定的年齡，都要開始回饋自己的家庭，於是我努力念書，努力找工作，直到我終於踏入社會，卻在短短的兩年內，失去兩位最愛的親人：母親和姊姊。

直到我終於踏入社會，卻在短短兩年內，失去兩位最愛的親人：母親和姊姊

母親是小腦萎縮症的患者，這意味著我也是最佳的基因帶原候選人，醫生告訴我說，也許我會發病，也許我不會，這讓我的未來充滿了困惑和無奈。母親從發病到離開我們，前前後後歷經十五年的光陰，她是一位慈母，總是在後面默默地支持我的每一個決定，包括當初我堅持要離開家這件事，也只有她，在背後替我背書。家裡曾經面臨過卡債風波，

房子被拍賣，父親沒有了工作；家裡曾經被斷水斷電，過著天黑要點蠟燭的日子，全家的經濟重擔，都仰賴姊姊。她放棄了學業，早早出社會開始打工賺錢，負擔了我求學期間的生活費還有家庭的基本開銷，她曾經告訴過我：「你就專心念書，等你有工作後，再換你來養我們吧！」

我最愛的親人，也是最愛我的人。

終於，我成功拿到了碩士學位，也順利找到了一份還不錯的工作，正當我要準備回饋家庭時，老天爺居然無情地帶走她們。在母親病逝後隔年，姊姊也在一場車禍中離開了。

沒有動力的我，開始找不到努力工作的意義何在

此時，我的人生突然失去了重心，難道老天爺連讓我報恩的機會都不給嗎？信仰的喪失，讓人失去了方向，於是我開始有了「流浪」的念頭，也一步一步地將「出去流浪」這種瘋狂的想法，付諸於行動。

沒有動力的我，開始找不到努力工作的意義何在，最後受不了這種失去自己，感覺人生毫無意義的工作態度，我向公司請辭，離開了這份工作。

於是我用很短的時間，完成了這份旅行地圖

美國這塊土地，一直是我從小就想去拜訪的國家，單純只因為小時候父親都會帶著全家坐在電視機前，放著跟一本書一樣大的錄影帶，一邊看電影，一邊替還不識字的我們翻譯成中文，我對美國的印象就只有「很多漂亮的地方」而已。我看著美國地圖，隨便勾選了幾個想去看看的地方，再用筆一個點一個點地連起來，於是我用很短的時間，完成了這份旅行地圖。

最高只騎到石卓（一千公尺），最遠只騎過嘉義到台中（一百公里），不會補胎，不會調整煞車，不會調整變速器。

對於沒有單車旅行經驗的我，身邊的親朋好友，十有八個勸我放棄這個出走的想法，時而還會用美國殺人魔、熊吃人、或是被狼群攻擊這種恐怖故事來嚇唬我。

但我並沒有想得太多，反正，體力可以慢慢練，毅力可以慢慢磨，反正我的時間夠，就算用走的我也要走完，我只是想要用最單純的方式去外面的世界走走，至於被野生動物攻擊這件事，當時就沒有想這麼多了。

腳踏車，可以比走路快，也可以比開車慢

腳踏車，可以比走路快，也可以比開車慢，可以在每個想待的地方輕鬆的停下來，不

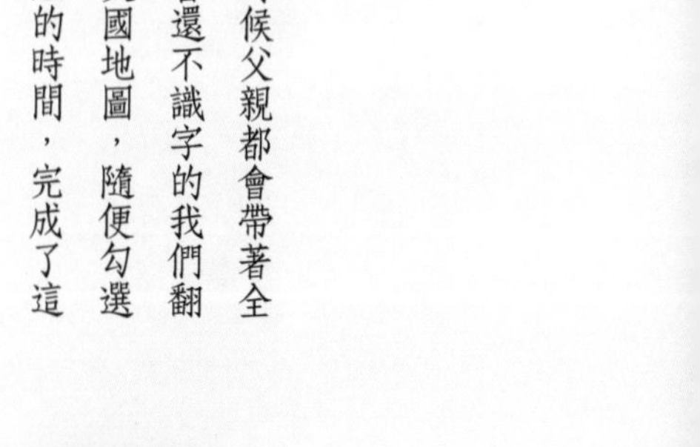

會錯過任何一個想要多看的景象；要了解一個城市，騎腳踏車是最好的工具，也是最省錢的方式，於是我選擇了用腳踏車去完成這趟旅程。

出發後才發現，原來流浪可真不是一件簡單的事，沒有目的的流浪，讓一開始的我飽受了放棄回家的念頭。體能的負荷，天氣的挑戰，一個人的寂寞，還有摔車後的無助，都是折磨也是考驗；當時的我，常常在路上邊騎邊哭，除了覺得自己的人生沒意義外，連這趟旅程都被我搞得沒意義了，那時，還真搞不懂為什麼要找這種罪給自己受？

像自閉兒一樣跟著自己對話，希望照片中的我能告訴自己，為什麼要出發？
有一天我看見一個石椅的椅背上刻著……

我一直都不知道為什麼要出發，也不知道這趟旅程的意義何在，我只知道要一直騎一騎而已，絲毫不懂得欣賞旅途中的美好事物，所以才會萌生這麼多放棄的念頭吧？一個人旅行，最多的時候就是和自己獨處，我每天都看著自己身材的改變，像自閉兒一樣跟著自己對話，希望照片中的我能告訴自己，為什麼要出發？

有一天，我看到一張石椅的椅背上面刻著，「這張椅子是為了紀念某人而設立的（in memory of …）」，經過某段公路、某個涼亭、某個小花園，都有著為了紀念某些人而存在的標語。我漸漸了解到，這趟旅程，原來是母親和姊姊留給我的最後禮物，也是陪著我成長的最後一段路。

我開始以這段旅程紀念著我的母親和姊姊……
我不再感到疲累，也不再感到寂寞。

我開始以這段旅程紀念著我的母親和姊姊，每走過一段路，我都會在路旁留下紀念她們的標語，我找到了出發的理由，也找到了繼續完成旅行的動力，我不再感到疲累，也不再感到寂寞。

姊姊一直有個夢想，就是要回家鄉旁的鐵馬道開一間出租腳踏車店，出租腳踏車給那些喜歡騎車的朋友，這也成了我選擇騎腳踏車的原因。

在愛荷華州，我借宿在姊姊以前的同學家，她們原本約好要見面的那一週，剛好是姊姊發生車禍的那一週，難道這是冥冥之中的安排嗎？於是我才了解到，是姊姊安排了這趟旅行給我的吧！讓我代替姊姊去見她讀書時期最要好的朋友，以完成當初的約定。

我學會了慢慢去體會旅行帶給我的驚喜，還有遇見的人事物，我躲過了暴風雨的襲擊、躲過冰雹後的重感冒、傻傻地騎到差點脫水；遇見了許多幫助我的人、了解美國人怎麼享受生活、歐洲人怎麼享受旅行；從基督徒家庭中學到分享和珍惜、從印第安人身上體會到人性的善良、在他鄉遇見同胞的喜悅等等，幸運的我沒遇到過什麼大災大難，反而是體會到人們帶給我的溫暖。

我一直堅信著，這趟旅程，她們都看得到，也會一直陪著我騎到終點

抬頭看著星空，感恩這段旅程，原本走不出失去親人的痛，已經漸漸釋懷了，我一直堅信著，這趟旅程，她們都看得到，也會一直陪著我騎到終點。

至今我仍然不相信我真的完成了，花了一百零八天，靠著自己的雙腳，從大西洋騎到太平洋，雖然我不是唯一騎腳踏車橫跨美國的人，但希望這本書，除了可以讓大家欣賞旅途中美麗的風景和故事，也可以感受到我是如何學會面對我的人生，走出人生的黑暗面。

旅程三部曲

Bike across the US,
In memory of my Mom and Sister,
婷&琪, Taiwan

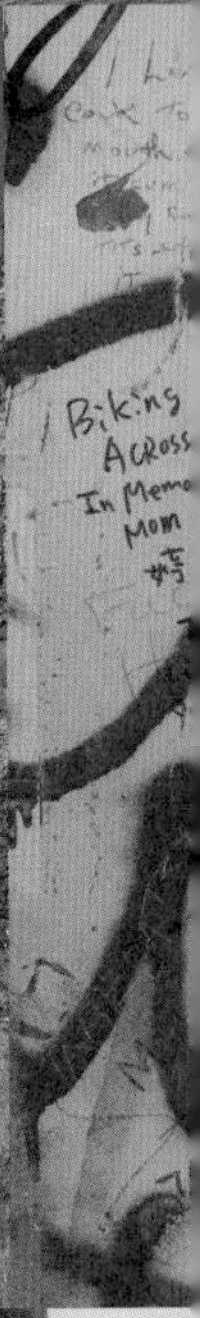

In memory of
My Mom & sister
TAIWAN

旅程三部曲

第一部：美東之行 (The East, from NYC to Chicago.)

從紐約到芝加哥，因為這一帶熱鬧人多，交通便利，大城市又多，對於連單車環島也沒試過的我來說，這段路是相當好的開始。

第二部：北美大草原 (The North Center, from Chicago to Billings.)

從芝加哥開始往西，地圖上看來既長又平坦，結果根本不是這麼回事……人煙越來越少，旅程的補給和身體的考驗也正要開始。

第三部：高山沙漠南行之旅 (The Mountain and desert, from Billings to San Diego.)

從黃石公園開始往南走，直到目的地聖地牙哥為止，這段路程最困難，因為要翻越多座高山，道路高低起伏，還有日夜溫差，加上最後進入加州前會面臨最大的考驗——沙漠。

為什麼要選擇騎腳踏車？ (Why cycling?)

這是為了紀念我的姊姊——嘉琪。她是一個熱愛單車的女孩，夢想著回鄉下鐵馬道開出租腳踏車店，也完成了鐵馬縱騎之旅。

為什麼要選擇美國？(Why the U.S.?)

美國一直是我想要旅遊的地方，小時候曾經跟父母開玩笑，長大帶他們來美國住農場的房子。於是我選擇美國，希望能用我的雙眼，了解這國家的不同和美麗，也用這紀錄來紀念我的母親——婷立。

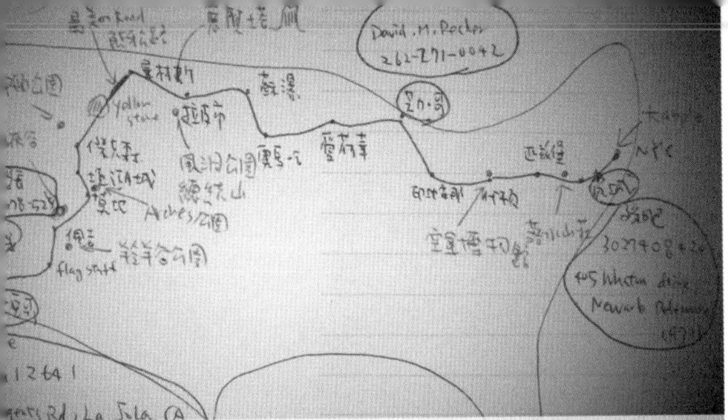

手繪的旅行地圖

畢林斯．紀念的紙條

一個人的單車之旅

就算寂寞

就算寂寞，夢想的路上總有好人相挺

關於旅行和夢想

每個人都有夢想，有些很單純，有些很困難、很複雜

當你決心要完成你的夢想時，你會發現周圍所有人都會幫助你

有人覺得我的夢想很扯，居然會想出這種瘋狂的舉動

但最後那些支持我的人才是真正偉大的人

我只是執行，我可以做我自己的主人

旅行中我領悟了一些事

一、在旅途中學會獨自處理危機（爆胎、斷鏈、被狗追、肚子餓到受不了或是沒水的時候怎麼辦）

二、了解自己的極限在哪裡（什麼時候是自己能做到或做不到的）

三、學習怎麼珍惜身邊出現的人（因為見過一次有可能永遠都見不到了）

四、知道什麼是自己需要的（一開始準備了很多東西，最後發現其實需要的不多）

五、有很多時間去聆聽自己的聲音（累了、渴了、該走哪條路、該紮營還是繼續騎）

六、學會清點自己的生活必需品（固定的東西擺放，不變卻又方便的拿取方式）

七、真正了解到我們台灣的便利（吃喝拉撒睡全部都照顧得服服貼貼的）

八、開眼界，讀萬卷書不如行萬里路，路長在嘴巴上（這就是勇氣，是愚是勇？只有等未來回想才能了解）

大概是這樣，我不是一個很偉大的背包客，能在旅行中認識自己或找到自己。

我只是旅行，把不同的事物帶回來，改掉自己的壞習慣，並學會「珍惜」兩個字的可貴，永遠不知道什麼時候是我們的終點站，永遠都有無數條選擇，不要後悔我們走了哪條路，因為我們不會知道另外一條路會發生什麼事情，唯有腳踏實地的走完屬於自己的路，才是最有意義的，不是嗎？

（攝影／ Regina Pagles）

失去

每一個失落感的背後，
都有一件未竟之事

脫離了疾病的苦海

那天是中秋節

是媽媽的生日，卻也成了媽媽的忌日

享年五十四歲

高中時期的我，還是一個沉迷於網路遊戲的小孩，原本一直以為沒有叛逆期的我，回想那時可能算叛逆吧！

因為愛玩又不愛回家，功課也是在競爭著這次誰是全班倒數第幾名，教室的座位永遠都是教室前兩排的位置。於是在大學末代聯考的我，沒有考上國立大學，當時長輩們都叫我再努力重考，但那時的我只想要趕快完成學業，趕快工作賺錢。

因為媽媽身體不好被公司資遣了，爸爸也失業，姊姊為了家庭支出開始了半工半讀，最後家裡又因為卡債問題，連房子都被法拍掉，整個重擔都落在爸爸和姊姊兩個人的肩膀上，所以，當時堅持不想重考的另一原因，也許是有點想逃避家庭的經濟狀況，到外頭一個人工作賺錢過生活吧。如此自私的我！如果現在有一台時光機讓我重頭來過，那段時光是我最想回去改變的日子。

直到我升上大四那年，才漸漸領悟到，單憑大學文憑，在職場上的競爭力是不夠的，要分擔家境單靠一筆穩定的薪資也是不夠的，於是我努力念書，希望能拿到國立大學的碩

我的生日派對

士學位，除了工作會比較好找外，也給家人爭點光，證明以前不重考又叛逆的我，沒有讓他們失望。最終，我如願的拿到了國立碩士文憑。

罹難小腦萎縮症的媽媽，那時的身體狀況已經越來越差了，原本還可以走路，後來只能靠輪椅，臉上也常會有因為摔跤而造成的傷口，而且爸爸和姊姊都在外頭工作，家中只剩下媽媽一個人，我常常會接到她的電話，電話那頭的她，用很虛弱又不清楚的口音，哭泣著盼我早點回家陪她，因為她知道她能說話的日子不多了。

老家的房子當初被法拍的期間，家裡被斷水斷電，每當太陽西下，家裡就燃起一盞又一盞的蠟燭，廁所沒水了，就去樓下買大桶的自來水來使用。最後我們一家四口被迫搬離了伴我成長二十年的老房子，到外頭寄人籬下，每個月要繳一萬二的房租。姊姊一直想要擺脫這種生活，努力存錢想回老家附近買下屬於我們自己的家。

在我退伍前一個月，我回到老家附近的公司面試，一切都很順利，我開心的回家跟媽媽分享面試的經過，然後我推著她的輪椅，帶她到門口曬曬太陽。因為夏天的到來，我準備把電風扇拿到門口清洗，媽媽也坐在一旁。幾分鐘後爸爸回來了，突然發現媽媽的臉色蒼白，黑眼珠已經翻白，沒有呼吸了……。

救護車很快就到達，救護人員用心肺復甦術急救，看著他們的雙手用力地壓在媽媽瘦弱身體上，我們的眼淚早已奪眶而出，送到醫院雖然性命是保住了，但大腦因為缺氧太久，已經被醫生宣告腦死，媽媽瘦弱的身體躺在病床上，我整個心好痛，多希望她能醒過來。

隔年媽媽因為肺衰竭離開了我們，那天是中秋節，是媽媽的生日，卻也成了媽媽的忌日，享年五十四歲。

我一直告訴自己，這樣對媽媽是最好的結果，不用繼續在這人世間受疾病的苦，放開一切到更遠的地方去了，在她嚥下最後一口氣時，爸爸和姊姊也都剛好回到家，是我們一家人陪著她走到最後的，儘管這是多麼無法令人接受的一件事。

當我準備投入職場，準備返鄉照顧媽媽，為家庭付出時，一切是如此的突然，老天爺無情地帶走了媽媽，就像是對我的懲罰。一直被人稱讚孝順的我，其實是如此的不孝。

我發現在媽媽的手寫本裡，有著用顫抖的雙手畫出來的房子，才知道，媽媽多麼希望再度擁有屬於我們自己的房子。

在媽媽和姊姊離開後，我和爸爸決定要回南部老家住時，在搬家那晚，我夢見了媽媽，夢中的我躺在二樓的床上，聽見樓下好多人在講話的聲音，我下樓一看，是媽媽在哭，她哭著說她不要離開這裡，她不想離開這裡，周圍也好多人在安慰她，我告訴媽媽：「如果我們不回去，留在這裡還能做什麼呢？」

之後從睡夢中醒來，我知道媽媽也捨不得離開桃園老家，但老天爺已經在這地方帶走了我最愛的兩個家人，留在這還能做什麼呢？子欲養而親不在了。

幸福的一家人

天塌下來的那一天

脫繭而出的美麗花蝴蝶想飛卻又放不下心
如今她終於盼到弟弟出社會工作了
如釋重負可以展翅高飛
卻被畫上無情的句點
結束了辛苦付出的一生

心中的天使姊姊

一大早，隔壁房間傳來手機的鈴聲，是火星人(Bruno Mars)唱的Beautiful Girl，我有氣無力的翻了個身，卻有點懶惰不想起床，和姊姊說聲早安，又滾回被窩裡頭。

化妝品罐子之間的擦撞聲，是姊姊正在梳妝打理，準備上班前的必經手續之一，我還是沒有爬起床，繼續賴在被窩裡頭。

睡著了一段時間，樓下的家用電話響起了，不停的不停的響著，有規律卻帶點急迫的音頻，還是無法把我從被窩中叫起床，我只是在樓上房間，任由著電話一直響、一直響。

過了半個多小時，爸爸騎著摩托車回家，匆忙地跑上二樓。

「老弟，快起來，老姊出車禍了。」老爸急忙把我叫起床。

像受到驚嚇的貓咪，我跳了下床，馬上換完衣服後，用最快的速度奔向醫院。原來那頭不停在叫醒我的電話鈴聲，是醫院找到姊姊身上的證件才聯絡到家裡，但我卻沒有一點危機意識，任憑電話另一頭的醫護人員急忙聯絡家屬。

「你是嘉琪的家屬嗎？她在急診室裡面，快去快去。」醫護人員匆忙的告訴我。

還無法想像到這一場車禍會是多麼嚴重，還天真地以為姊姊只會是擦傷或是扭傷之類的，但當我一進急診室，看見她臉上插滿了管子和試著止血的棉花，棉花吸飽了血，不停地滴下一滴滴鮮血。姊姊腫脹的臉已經看不出出門前的妝容，她的雙腳冰冷發紫……。我嚇傻了，一切這麼不真實，我怎樣都不願相信姊姊會發生這麼嚴重的車禍。

出事的前一天是母親節，我和爸爸參加了以前眷村老朋友的婚禮，當我和姊姊年紀還小時，我們曾是一起出遊玩耍的兩家人，但姊姊對於工作的態度和升上組長後的責任感，讓她無法請假一同去參加。其實在婚禮當天，我還在幻想著如果姊姊結婚，一定也會是場溫馨又甜蜜的婚禮。

從手術房急救後，醫生吩咐著護士將病床推到加護病房，我以為老天爺救了姊姊一條命，脫離了險境，當下鬆了一口氣，但接下來不到十分鐘，醫生緊急宣布姊姊嚴重出血，必須當場急救，我、爸爸、阿忠（姊姊當時的男朋友，事後他

從小就在我身邊陪著我

姊姊的鐵馬紀錄

們完成了冥婚，成了我的姊夫），還有姊姊當時工作的店長都在旁邊，眼睜睜的看著急救的過程。原來血是可以像噴泉一樣，不斷湧出，醫生說姊姊內臟破裂、腸子也斷了，我真的不敢相信我眼前的一切。

看著醫護人員不停的從血庫裡拿出血袋，一袋一袋的更換，但還是比不過從姊姊身上湧出血的速度。電擊器在姊姊胸口壓著，一股無情的力量在攻擊姊姊冰冷的身驅。

「不要救了，這樣對她太痛苦了。」我和爸爸一致認同醫生的建議，我們放棄了。

我沒有注意到身邊的人有什麼反應，我沒有落下眼淚，忍著痛苦，雙手合十，嘴裡不停的念著阿彌陀佛，祈求老天爺饒了姊姊一命，讓她不要再受到痛苦。也許當時是我已經有點迷糊了，放棄急救那一剎那，彷彿看見姊姊臉上露出了微微的笑容，似乎是在告訴我：「這樣做是對的，放心吧，謝謝你們。」

媽媽才剛離開我們一年多，如今老天爺又再次無情的帶走了姊姊。電腦裡面有著姊姊在準備結婚還有買房子的資訊，我看著這些檔案，了解到家裡的包袱，讓這隻已經脫繭而出的美麗花蝴蝶想飛卻又放不下心，如今她終於盼到弟弟出社會工作了，如釋重負可以展翅高飛，卻被畫上無情的句點，結束了辛苦付出的一生。

姊姊一直是個很樂觀很熱情的好姊姊，我腦海裡全是我們小時候相處的點點滴滴，姊姊曾經為了家裡鑰匙不小心忘在教室，爬上二層樓高的窗戶闖進教室，還被路過的老師發現以為是小偷，我當時回家後哭著請求關老爺放了姊姊一馬；我也曾經靠著窗戶，望著姊姊讀的幼稚園在家哭鬧著，因為姊姊要上課，不能陪我玩耍；我們曾經從公寓三樓的窗戶，用打火機點燃衛生紙，然後往樓下丟，還因此燒壞了家中的沙發，姊姊被罵得超慘。

所有童年回憶裡，姊姊總是扮演著照顧我的角色，一路上牽著我，一直到我拿到碩士學位，就連我的生活費也是姊姊辛苦打工賺來，如今我成功了，卻失去了最重要的支柱和生活目標。

因為家族裡有著可怕的小腦萎縮症基因，我們都很害怕會是下一個發病者，所以姊姊對於運動和戶外活動相當的活躍；家中有一台學生款的腳踏車，是她用低價收購回來運動用腳踏車；除了泳渡日月潭外，她也參加過公司舉辦的單車縱貫台灣西部的壯舉，當時的我好佩服她的毅力和勇氣，在女生經期來臨時，還能忍痛完成這一項任務。

「你姊很厲害吧！」她在社群網站上這樣回覆我。

我從來都不知道為什麼我會選擇騎腳踏車完成這趟旅程，起初只是為了省下巨額的交通費，而且騎腳踏車可以慢慢的欣賞風景，不想騎就找車子搭上去。

但當我一上路之後，踏板就沒有停止過，我更在這趟旅程中找到了當初一直問自己的答案，而這一連串發生的一切，就好像是被天使安排好的一樣，一步一步的教導我、指引我，帶領我到另一個國度去體會不一樣的人生。

我站在大峽谷上哭過一次，為什麼這麼美麗的風景在我眼前，可是失去的親人卻不在了，我多希望她們就在我身邊，看著我完成這項任務，這是一項為了她們而完成的夢想。

找自己

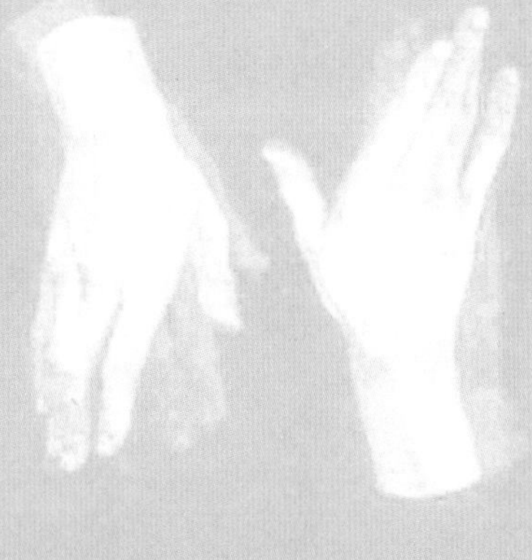

日子一天一天的過去，
我也越來越像個流浪漢了

開始愛上小城鎮

比起大都市的光鮮亮麗
我更喜歡待在小城鎮裡

或許是一種生活習慣的養成，在台灣充滿了人群和車潮，有句玩笑話是這樣形容我們的地狹人廣：

「台灣就像把加拿大的所有人口擠進這座小島。」

加拿大的土地面積幾乎和美國本土一樣大，可見我們台灣的人口密度非常高，平均一個人不到三平方公尺的自由空間。

出發後，我帶著都市裡的生活習慣，規畫行程，從紐約開始，計畫以大都市作為我的休息站，因為生活機能會比較好；當然也是因為一個人旅行，到了有人的地方，內心自然會比較有安全感。

離開芝加哥後，我在熱水澡網站（註1）上找到了借宿 Peru 的農夫家馬克 (Mark)，他聽完我的路線後很驚訝的問我：「為什麼你都要經過這些大城市呢？大城市有著交通問題，路線又複雜，離開市區後，又會經過比較落後的地方，危險性自然會升高許多。」

雖然當時還不了解「躲開大都市」的真理何在，因為習慣了過去的生活，一時要改變成寧靜又偏僻的路線，多多少少還是會不適應，尤其是我想到：如果遇到迷路的話該怎麼辦呢？

但當我進入中部大平原之後，接著就要面臨空曠、人煙稀少的區域了，到時要騎很多天，才會到達下一個大都市。我必須隨著旅行而調整我的心態，因為不變的是周遭的事物，而需要改變的是自己面對問題的能力。

馬克拿出了鄰近的州地圖，開始教我怎麼使用地圖，怎麼從地圖中判斷車流量、上坡還是下坡、該怎麼選擇路線，當天晚上一邊吃著新鮮的櫻桃，一邊聽他仔細講解。馬克在我心中，算是一位探險家，他的住家在一座小山上，附近不是山就是農田。這是我到美國後第一次住在這麼鄉村的地方，我幻想著如果他把我殺了，也不會有人找到這裡來吧！

馬克常常騎上腳踏車，口袋插著複印出來的地圖，身上一定會帶著不同顏色的筆，來描繪這條路線是否適合騎腳踏車，然後回家後再重新整理成一張地圖，這張地圖就成為這附近的單車路線，只要他想去哪，他就照著這張地圖，輕輕鬆鬆就能找到平坦又沒

住宿的農場

有交通問題的道路。

借宿了一晚，隔天要離開時，馬克看見我的單車鎖非常陽春，他搖搖頭：「這一剪就斷了，你需要好一點的鎖。」於是他從他的單車倉庫裡拿了一個大鎖頭給我，我看到這鎖頭的第一個感覺是：「這一定很重！」

但馬克要求我一定要帶在身上，並提醒我只要離開車子半步就一定要把單車鎖好。

自從我得到這個大鎖頭後，其實一直都沒有機會用到這個鎖頭，但這是馬克的一片心意，也許實質上派不上用場，但我還是很堅持的將這鎖帶在身邊，甚至帶回台灣。

上路後，馬克親自陪我騎了將近五十哩（八十公里左右），他帶我走的道路，是如此的寧靜，沒有汽車的呼嘯聲，沒有紅綠燈的攔阻，路面也是鋪設得很好，這才是真正的單車旅行吧！後來，當我回過頭想要找尋那一天我們騎過的路線時，我幾乎沒有印象當初是怎麼騎的了。

道別時，他告訴我雖然這條路會比較複雜，但騎起來會很輕鬆，於是把之後的路線描繪給我，讓我順利地跨越到愛荷華州 (Iowa state) 抵達了下個城鎮。當我晚上紮好營要準備休息時，馬克傳簡訊給我，他也才剛騎回到家，在回到家前，他又跑到附近去探險新的路線了，真的是一位貨真價實的探險家。

於是我慢慢了解到，躲過大都市，才能盡情的享受單車旅行的樂趣，在小城鎮裡，才會看見與一般旅遊不一樣的事情，體會到更深的感受。或許可以說是因為遠離塵囂，才更能體會到生命和旅行的樂趣吧！

身上帶的GPS，最後淪落到只剩下查海拔高度的功能，我反而會到各地商店買紙本地圖，靠著一張地圖，越過印地安人保育區、經過無人居住的鬼城、見過破舊的農莊，我總覺得我選擇的路線，可以看見開車時無法看見的景象，也因為騎腳踏車的關係，更能慢慢去觀察這些事物，比起大都市的光鮮亮麗，我更喜歡待在小城鎮裡了。

我在加州認識的科林(Colen)，他喜歡背起相機，騎著他的登山車，在沒有鋪設柏油路的路段探險，穿過許多州、爬過許多高山，餓了自己煮吃的，累了就隨地搭起帳篷休息，在他相機裡，一張張帶回來的照片，可說是真正的深度旅行者才看得見的景象。

在我出發旅行之前，有人告訴我：「為什麼你不直接選一個代表性的大城市待久一點？這樣你比較能感受當地的生活吧？」

的確，要更深入了解一個國家的民情，選個大城市，再花點長時間停留，並參與當地的各項活動，是比較實在。但經過這趟旅行中，我慢慢發現，偏僻的地方，能

在公園內紮營

馬克的背影

體會到最原始的生活，最道地的人情味，也是另一種深度旅遊的方式。

小城鎮還有一個好處，就是人比較單純；有別於大都市人來人往的冷酷無情，在小地方比較能感受到人情的溫暖，普遍治安也會較好，於是常常成為我紮營的必選地點之一。就算是路過的在地人，也會抱持著關心的態度來和我聊天，比起大都市，這種小城鎮反而是很安全的區域，能和當地居民互動的機會也會比較多。

我開始避開大城市，通常只是經過就趕快離開，因為我知道在大都市裡找不到我想要的感覺。

當旅館關起門來後，不論在哪個國家，都長得一模一樣。繁忙的公路，來往的車輛穿梭著，不論在哪個國家，都長得一模一樣。

下一次旅行時，會想過要轉進一個偏僻點的小城鎮，來趟不一樣的感官之旅嗎？

註1：「熱水澡」是一個網站，由網路上的單車同好提供給單車旅行的背包客一個可以休息的地方，可能是一塊能露營的空地，或可能是一張舒服的床或沙發。因為單車旅行最幸福的時候就是來一場舒服的熱水澡，所以這網路平台就叫作「WarmShowers」(www.warmshowers.org)

馬克在準備披薩

工作與興趣的微妙關係

我熱愛這份表演工作

我不希望它成為我生活的收入來源

我曾經是位工程師，職位聽起來還不錯，不用擔心家裡和自己的生活開銷。當媽媽和姊姊離開後，毅然放棄手上這份工作，當時除了失去了工作的動力外，也喪失了努力工作的鬥志。

於是我選擇出發，除了找尋自我外，還有一點就是要好好思考一下自己對於工作的態度到底是如何？

旅途中，我遇過退休警官、退休教授、軟體設計師、建築工人、牧師、獄卒、馬戲團員……，他們都給了我很寶貴的課程，讓我了解到工作和生活之間的微妙關係。

當離開大峽谷後，我在阿歷桑那州海拔最高的城市——弗拉格斯塔夫(Flagstaff)住了兩晚，當時收留我的是一位在 Gore-Tex 擔任研發工程的約瑟夫（Joesph），有一天我問他：「為什麼 Gore-Tex 的東西都這麼貴，是因為材料和技術比較耗成本嗎？」

「因為價值。」他給了我一個很有深度的想法。

「我們的東西製作和成本都差不多，但產品能讓消費者用個十年、二十年，還能保有該有的水準和防水透氣性，所以其實一點都不貴。」他告訴我。

右　丹尼爾和麗莎
左　列吉娜的攝影作品

身為一個研發工程師，不只是絞盡腦汁發展新的產品，並且能追求新產品的品質好壞，和它本身所擁有的價值為出發觀點，確實讓我大開眼界。

以前的我，每天都費盡心思的去替公司想出更多的點子，解決更多的問題，我只會看見自己有多辛苦，應該要得到多少的回報，卻忽略自己從中獲得的智慧，可以為社會或是對未來能有多少貢獻。

所以在工作上面，我們更應該去思考自己所付出的，怎樣對環境的未來、對這社會、對人類的生活有貢獻，而不是斤斤計較著自己該有多少的收入才做多少事情。

曾經收留我一晚的人當中，有位女獄卒麗莎(Lisa)，這算是我遇過很特別的職業之一吧！她其實是一位很熱愛科學的女生，她的牆壁上貼著愛因斯坦的畫像，書櫃裡是一本本物理相關的書籍，這麼熱愛科學的女生，實在很少見。

當她開口講起愛因斯坦的理論和自己的理念時，讓我好佩服，一個介於犯人和科學之間，是如何握著自己的興趣，又能專心做好自己的工作呢？我一直在尋找這答案。

和麗莎（Lisa）一起住在帕克(Parker)的丹尼爾(Danial)是一位馬殺雞專家，他很驕傲的拿出他的證照給我看，「I am the best in Parker.」（我是帕克裡最棒的推拿師）他自信滿滿的告訴我。他不但從學生時期就開始接觸這方面的知識，更將這興趣延續到他的工作上，還有他精益求精的精神，這些都是我需要學習的。

興趣和工作之間的微妙關係，讓我想到錫安國家公園附近小鎮的腳踏車店(Zion Cycles)老闆娘列吉娜(Regina)，她是一位熱愛攝影的攝影者。她所拍的每張照片，背後都有著一段故事，於是她把我和同行的夏威夷老爸提姆(Tim)(p.101)拉進她的攝影棚，開始記錄我們的故事。一進到她的攝影棚，很難想像她只是把攝影當成興趣而已，我和夏威夷老爸都很困惑的問她：「你技術這麼好，為什麼不辦個展覽、或開個攝影工作室？」

列吉娜告訴我們：「她愛攝影，但是工作歸工作，興趣歸興趣，她不願意把興趣變成工作生活的一部份，這樣會慢慢消滅她對興趣的熱忱。」

事後，列吉娜告訴我，以前她總是很害怕約陌生人來拍照，擔心會被拒絕，這份恐懼感讓她錯過了很多記錄的機會，隨之也就慢慢對攝影感到灰心。所以，她鼓起了勇氣開口約我和夏威夷老爸，而我們也很爽快的就答應了，於是從那天起，她了解到不管對方的反應是好還是壞，她都應該要勇敢的去表達自己。如同在旅行中遇到的人，也許一輩子只會見到這一次面，不把握住機會，一切都會很快被遺忘及消失。當機會從身邊經過時，我們是否能把握住那機會呢？

在馬戲團兼差的提姆，本身是一位電信業者的維修人員，當我知道他另一個身分時，我也很驚訝！

「電信業是我的工作，我的收入來自於這份工作。但我更熱愛馬戲團的工作，所以我只要有空，就參加馬戲團的表演活動，在附近有馬戲團學校，我也會兼課去教那些小朋友，因為我熱愛這份表演工作，我不希望它成為我生活的收入來源。」他自信滿滿的跟我說。

我想，當有人問我們：「你的興趣是什麼？」時，應該不會有人會說：「我的興趣就是工作、工作再工作吧！」但怎麼將工作和興趣這兩者之間的關係，維持良好的平衡，不偏重任何一項，真的是一件很困難的事。

當然也有把興趣和工作搭配得很微妙的人，他是住在加州的科林(Colen)，一位自由契約的攝影師，他最喜歡的就是騎上腳踏車到各地拍下美麗的照片，將他對於攝影的專業知識套用在這上面，每一張照片都成了很驚人的美景。

住在匹茲堡的丹(Dan)，是一位永不放棄生命的鬥士。過去曾經是一位腳踏車車隊的成員，在一場意外後他無法再像以前一樣盡情地在路上飆速著騎腳踏車，但是他並沒有因此懼怕騎腳踏車，反而將這份興趣轉換到匹茲堡的單車協會，推廣單車文化，並宣導各項活動，他熱愛他的工作，也將他的興趣和工作結合在一起。

興趣和工作的微妙關係，看似簡單，卻存在著很深又很複雜的涵意，我們能把興趣跟工作放在一起嗎？大多數的男孩子都夢想成為飛行員，也有人希望成為職業運動員，至少這兩個都曾經是我的夢想。但我的扁平足讓我無法進入空軍官校，就已經被宣判我的夢想死刑了。不但如此，我們也常會在報章雜誌看見運動員的負面新聞，甚至一致被看好的選秀狀元卻因為當了職業選手而開始頹廢起來，這些人，是如何看待工作和興趣的呢？

如果有一天，我們必須為了生活而強迫自己，那還能保有對興趣的那份熱忱嗎？還是應該是要享受你的興趣並熱愛你的工作呢？

路上形形色色的民族

我是用行動證明一切的旅行家
對於那些製造分化和鄙視他人民族的人
讓我很不喜歡

美國中部的生活，是個務農的社會形態，似乎對外界大多是不太了解，居住在此的華人也相對地稀少很多。當我經過這些區域時，大多數的當地人也沒有聽說過「台灣」這個地方，也有人會把我們誤認為是「日本」，還有人誤認為是「韓國」甚至是「泰國」。地球之大，有許多地方還是相當封閉、保守，出去外頭走一走，才會知道原來台灣在這世界，是多麼的渺小的一個國家。

在紐約住青年旅舍時，我很幸運地遇到一位來自中國東北的青年——小袁，他在俄亥俄州念書，年紀小我約莫四、五歲。這陣子他沒有課業壓力，到紐約找工作，於是就先在這間青年旅館住個幾天，天亮就搭著地鐵到中國城找工作，天黑才回來旅舍休息。

為什麼要說我很幸運呢？

人在他鄉，又是一個全然不同的生活環境，語言上的障礙、生活習慣的不同，到這裡之後，感覺自己像隻流浪狗，就連過個馬路都很擔心自己的生命安全。簡單的說就是有種被人側目著「不懂行規還敢出來混」的心情。

紐約地鐵

當我們兩人在青年旅舍第一次四目相交時，有一股感動，特別是第一晚很狼狽地到這地方，一整天充滿害怕，以及無法求助的苦悶，那一刻，好像找到了可以抱在一起大哭一場的伙伴似的，內心澎湃著。

小袁見到我的第一句話就是：「我們都是亞洲人，在外就是一家人，互相幫助這是應該。」我們的對話之間完全沒有任何政治議題和偏見，我們彼此欣賞著為了追尋夢想，而去執行的勇氣和行動力，常常聊到大笑不已，或者晚上他會關心我冷不冷？睡得好不好？甚至還幫我把多餘的物品拖到郵局，寄到終點站聖地牙哥。

第一天晚上，他特地陪我去墨西哥餐廳用餐，並教我怎麼省錢點菜、老美用餐方式。在一起的那幾天，他常會指點我一些美國人的生活習慣和相處模式，他活像是我的生活小老師。

除了紐約認識小袁外，我也遇到很多關心我的中國人。

在66號公路上，我躲進一間加油站吃著早餐，看見外頭有一群人圍繞著我的腳踏車，然後很好奇的開始問我很多問題，原來他們是來自成都，雖然不熱愛騎腳踏車，但卻熱情的邀約我：「哪次有機會一定要來騎我們的川藏公路，年輕人，加油。」

在溫納（Winner）鎮的中國餐廳裡，來自福建的媽媽準備了好多食物和礦泉水給我，然後告訴我：「這些水果和蜜餞你都帶上，我們相見就是有緣，下次見面不知道是什麼時候，可能永遠也見不到了。」

我想起了我小時候的一段故事，在我還是國中生時的某一次過年，我們家族開著車上阿里山的塔塔加露營過夜，我和姊姊兩人躺在石椅往天空望去，這時，有一台載滿國小生的遊覽車停了下來，導遊大哥哥跟他們說了一個讓我和姊姊永遠記得的一段故事：「你們看天上的星星，一顆一顆的就好比是我們人類，看起來是如此的靠近彼此，但實際上，他們之間的距離，卻是相隔了數萬光年之遠。所以你們一定要珍惜你們身邊的好朋友，或許他（她）可能就只會出現在這個片刻，也或許他（她）將是你一生中最重要的貴人。」

我永遠記得當晚的美麗。在這趟旅程中，那些幫助過我的人、曾經關心過我的人、擦肩而過的人，都將成為我的回憶了，而我真的有把握住當下嗎？

離開這間餐廳時，我忍不住落下了淚水。

當然，也有遇到讓我很不喜歡的華人。有一次快要到克羅拉多高原時，在路上我遇見開著車旅行的中國人，當他們看到我的國旗時說：「呦，是台灣來的小伙子啊！」（用一種很鄙視的口氣），我用很驕傲的態度告訴他我從哪來，要到哪，是為何而騎，我是用行動證明一切的旅行家。我發現，對於那些製造分化和鄙視他人民族的人，自己是絕對不喜歡的。

傳統上來說，台灣和中國總被其他國家誤會，這是我在這整趟旅行中最常被詢問的問題之一：「台灣人（Taiwanese）和中國人（Chinese）有什麼不一樣？」

我的答案總是非常的一致，我告訴他們，我不在乎有什麼不同，我只在乎我們生活過得好不好，過得安不安全，我們彼此都有能力做自己的事，為什麼還要

左　餐廳老闆娘
中　東北青年，小袁
右　代頓，空軍博物館

爭執這議題呢？

和當地人聊天時，我也會盡量避免使用到有關「顏色」的字眼，比方說White、Black、Yellow。我們人類總是背負著歷史帶來的罪惡，但並不代表我們必須對彼此帶著敵對的態度或不平等的眼神。在芝加哥時，我第一次參加教會的活動，充滿音樂才藝的黑人就和長相甜美的白人妻子相愛在一起；在冰雹後，印第安人和白人家庭解救了無助的我；民族的融合在這塊土地上，是無止境的在進行著，如果放不下對彼此的成見，那怎麼去深刻的體會到對方的優點？或許對方的優點，正是我們所欠缺的。體會不同民族的差異、特點，也正是我在這旅途中的收穫之一。

89 號公路．克羅拉多高原

找到紀念她們的方式

一張椅子、一個涼亭、一棵樹
社區公園到國家紀念區
無不將榮耀歸給過去犧牲生命的人們
並永久的紀念他們

有好幾次，當騎得很痛苦、被寂寞和失落感打敗時，我會流著眼淚騎車，滿腦子全部都是最愛的媽媽和姊姊。我知道，這趟旅行是要代替她們，是用行動來完成一個小小的心願，用我的眼睛，來看這個新的世界，但是為什麼她們不在我身邊了？為什麼這麼美的風景無法帶她們一起看？當我放聲大哭時，我都忘了自己身處何處，夜裡，我也會看著她們的照片哭泣。

就算我已經了解到，這旅行是為了她們，是老天爺留給我的禮物，我應該用感恩的心去面對這一切，但我還是無法去認同她們已經不在我身邊的事實。

在美國的公路上，最常看見的就是橫屍街頭的動物，從小隻的松鼠到大隻發臭爬滿蒼蠅的牛，有一次我還親眼目睹了一隻正在過馬路的烏龜就這樣活生生的被行駛的汽車壓碎，那畫面一直在我腦海中，看到這些死無葬身之地的動物們，才體會到生命是多麼的脆弱，是如此的沒有價值。

有小動物的喪身，也有人類的死亡，尤其是在筆直又空蕩蕩的公路上，往往在一個轉彎處，或是馬路的路口，就會有事故的發生。但比起那些小動物，人類會文明的去追思亡靈，所以常常會看到某一段路上掛上花圈、立下十字架，去紀念某個離開世間的親人。此時我會停下腳步，去看著這些照片，還有在世的親友為他們留下的文字。

姊姊也是在車禍中離開人世的，那是條交通繁雜的路口，常有小車禍發生，但就唯獨那一次，嚴重到帶走了我的姊姊。事後，只要經過那段路口時，心中總是充滿了憤怒和害怕，恨老天爺為什麼要這麼無情，害怕那恐怖的畫面會再次在腦中上演。

當我站在十字架和花圈前，我問我自己：「發生這些事之後，你能為姊姊做些什麼？難道你就要這樣讓姊姊這麼沒有意義的離開嗎？」

美國是一個對單車客很友善的國家，很多的鐵馬道過去是用來運送貨物的鐵道，荒廢被拆除後重新鋪上單車專用的道路，我很喜歡騎在這種路上，既能躲過複雜的交通，也能享受行車的安穩。

有些鐵馬道會布置的很像公園，有花園、有涼亭，有一次我騎在Panhandle Trail上，停在一個小池塘前休息，我低頭看著我坐的椅子，那是一個用石頭磨出來的椅子，坐起來很舒服，在椅子上，刻著「Forever in the hearts of their family and friends.」（家人和朋友將永存於我們心中）

這種具有紀念意味的訊息，在美國隨處可見：一張椅子、一個涼亭、一棵樹，社區公園到國家紀念區，無不將榮耀歸給過去犧牲生命的人們，並永久的紀念他們。

於是，我決定將這項冒險旅程，紀念我摯愛的媽媽和姊姊，感恩她們為我所付出的一切，從小將我照顧到大，這趟旅程，不但是要為她們而騎，更要將這份榮耀歸在她們身上。於是，我開始在所到之處，只要我覺得有意義的地方，我就會留下這樣的字串「Bike Across the U.S. In Memory of My Mom and Sister, 婷 & 琪」（單車橫跨美國，紀念我的母親和姊姊，婷&琪）

我要將這旅行獻給我的媽媽和姊姊，這樣做也更讓我感受到她們的存在，好似無時無刻的和我一起分享眼前的景象，還有我感受的一切。

有一次我掛上耳機聽著音樂，在一個轉彎的告示牌下寫下這些文字，我感覺怎麼身後好像有人朝我走過來，就像貼在我身後一樣，我回頭一看，是一位警察站在我身後，他好奇地看了看我寫的東西，告訴我：「下次不能在這種地方亂寫，這是違法的。」然後就放我走了。我心想，在這種荒郊野外怎麼還會被警察遇到啊！可是紀

1 號公路上的紀念碑

左上　勇敢的消防隊員
左下　象徵親人的大樹

右上　Panhandle 鐵馬道上的石椅
右下　紀念紐約市長

念的決心讓我不停的在做違法的事情，只是這件事之後，我會挑選比較適合塗鴉的地方，而不會再隨便找地方寫了。

當我跨過亞歷桑那州抵達加州邊境時，Danail 和 Lisa 招待我在他們家住一晚，還為我準備了豐盛的漢堡大餐，當晚我們聊著「紀念亡者」這件事時，她告訴我，她也有親人在前幾年因為生病離開了，那是她最親的家人，一時之間無法接受這樣的事實，於是她在家裡的後院種了一棵樹，這棵樹對她的意義而言，就如同她的家人。有一天這棵樹不敵當地的酷熱而死亡倒掉了，她整整哭了一個禮拜，但她發現，這死去的大樹並不代表著她摯愛的家人又再度離開了，反而是一個新的開始，因此她再度把後院整理好，種上新的大樹，繼續追思著她的親人。

她還告訴我，她有時會在壁爐前點起蠟燭，那蠟燭代表的意義，就是去感受離去的人們，其實是一直在我們身邊的，在風中搖曳的火苗，正是他們存在的寫照，於是我更加感受到追思和紀念的意義所在。離去，只不過是暫時，而永遠存在我們內心的，是不滅的回憶。

除了帶著感恩的心完成這旅程，我更加把這旅行賦予意義，找到了旅行的意義所在，我不再感到孤單寂寞，反而更熱愛、更享受這旅行。說也奇怪，當我開始發現到旅行的豐富意義後，我就再也沒有下車牽車爬過峻嶺，就連這趟旅程最高的熊牙公路（海拔 3,172 公尺），我也是用腳踩著踏板，慢慢的騎到終點。所以，當一切有了意義之後，人有了方向、有了目標，力量就會變得無窮，人的潛力也會慢慢浮現出來，再困難的路，都可以克服的。

美國人浪費成習嗎？

美麗的大自然
要留給世世代代的後人去欣賞

美國人在我們的印象中到底是如何？

我曾經想像過美國人應該很熱情、講話很大聲，因為小時候很喜歡看西洋片，所以對美國人有著如電影版剛強又健康的感覺，當然還有如同殺人魔般的恐怖感。

直到我完成這趟旅行，開始回顧這一切時，才對人有了不一樣的認知和感受。

在橫跨這個號稱世界強權之一的國家後，才真正了解到什麼叫作「出去之後才知道」這件事。

過去，網路上常常會有背包客分享著旅行經驗，訴說著出國去體驗人生、感受不同的生活、自我成長、看看不同的世界，當然，以我的立場而言，當初並沒有抱著這麼偉大的理想出發。只是隨著日子一天一天的過，當我漸漸去了解自己的目的之後，才會對這趟旅程有不同的啟發。

出發前，有人提醒我美國東部是大都市，人種比較混亂，要小心不要被人搶了或出什麼意外；美國中部的居民，那區域的人們資訊比較落後，也比較少機會接觸其他國家的人，會比較保守，比較有防備心；西部槍枝流通平常，不要被槍殺了……。

這些稀鬆平常的玩笑話，其實是相當真實的事，一旦踏出國門，最重要的就是要保護好自身的安全，萬一回不了自己的國家，這趟旅程就成了沒有句號的故事了。

在美國，大部分的商家在晚上七、八點就差不多都關門了，越晚出門，當然危險性也會越高。雖然店家都休息了，但他們的店面，總是燈火通明，最誇張的是那汽車賣場，那一大盞一大盞的聚光燈，全年無休的點亮著，不靠近看，還真不知道裡頭已經沒有員工上班了。

美國人對於資源回收的觀念也沒有這麼強烈，除了在比較大的都市會做好分垃圾分類外，在比較鄉村的住家，他們會把所有垃圾只歸在一類。

當我到達亞歷桑那州時，七月的季節，如同在烤箱裡一樣炙熱，動不動氣溫就飆高到四十度，當時在我住過的家庭裡，白天總是冷氣空調開一整天，儘管白天大家都外出工作，根本不在屋內也是，聽起來很誇張，但這在美國卻一點都不足為奇。

有人問我：「你對美國的看法是什麼？」

我毫不保留的跟他們說：「老天真不公平，給了美國這麼壯觀的景象，好的國土，但美國人卻常常浪費資源。」

有人說，美國是最不願意承認有全球暖化的國家，因為他們不願意為了節能減碳去犧牲生活品質；也有人說美國人不知道現在的國際油價，因為汽車是他們的生活必需品，加油就如同買水一樣平常：這聽來諷刺又批判味十足，不可否認的是，浪費資源已經是部分美國人帶給世人的深刻印象了。

猶他州的農地灑水系統

就算有著這麼負面的批評，但我住過的家庭中，還是有出現好幾戶標準的「素食主義者」，大多數的素食主義者之所以吃素，是為了地球著想，為要降低污染排放。

住在弗拉格斯塔夫(Flagstaff)的約瑟夫(Joesph)帶給了我一個很深刻的省思。

他不但是素食主義者，也是一位有機食品愛好者，買的蔬菜水果都會去有機賣場購買，我不覺得有機食品有什麼不一樣，不過可能比較健康而已，這樣花錢不是很浪費嗎？

我好奇地問他：「為什麼你一定要吃有機食品？」

他告訴我：「有機蔬菜比較貴，但這些有機食品的栽種和培養比較辛苦，我把這些貴出來的價差回饋給辛苦產出的農夫；而比較好吃的水果來自比較偏遠的地方，我把價差回饋給辛苦運送的司機，因為我們的能力有限，所以我們付點金錢代價，給那些為地球環保努力付出的人們。」

我開始有了不同的想法，或許我們看見大部分的美國人，頗不知珍惜資源，但實際上仍有某些美國人，相當有環保意識。

美國人很重視自然保育，這是他們長久以來的傳統，美麗的大自然，要留給世世代代的人去欣賞，他們不隨便破壞自然資源，反而會花更多人力去維護，所以才能保有這麼多的美麗風景區。

回到台灣後，我開始去尋找台灣自然的美景。以前不懂得欣賞山稜線，現在那些壯觀的高山群，總是讓我會多停留下來好好欣賞。但是台灣畢竟是一個地窄人擠的地方，有人開玩笑的跟我說：「台灣已經沒有祕密了。」意味著台灣的過度開發，還有自然資源的流失，而當大家為了美景越往高山爬時，公路就越往高山貫穿，公路貫穿後，平房就開始進駐，平房成了民宿，民宿又帶動人潮，自然環境就變得越來越不自然了。

我們都試著努力去維護大自然的環境，去照顧大自然的美，從自身的不亂丟垃圾、不破壞山林為基礎去執行，希望有朝一日，台灣也能投資足夠的力量與財力，看重自然保育，捍衛這小小的島嶼，共同維護美麗尚存的的小小土地。

Hi！林肯

既然沒有腿力
那就鍛鍊一下腳力吧
用牽的也要牽到終點

林肯，算是這趟旅程最有緣分的歷史人物了吧！

故事的開始，回到我從北京飛往紐約的飛機上所欣賞的電影開始，我想，既然要去美國了，不如來看一場美國的傳記電影好了，於是我選擇了這部獲得金球獎和奧斯卡影帝的大作——《林肯》。

雖然這部片是在我半夢半醒之間看完的，完全沒有中文字幕，我也只能看著劇情猜測內容，但就這樣，開始了我和「林肯」的不解之緣。

30號公路，林肯公路，是美國第一條橫貫公路，東起紐澤西 (New Jersey)，西接到奧瑞岡州 (Oregon)，全長將近五千公里，為紀念已故總統林肯而設立的跨國公路，算是一條相當具有歷史意義的公路之一。

其實我一開始壓根兒沒有想過後來會騎上這條公路，當離開德拉瓦州 (Delaware state)，往下一個大城市匹茲堡 (Pittsburgh) 前進時，有兩條路線使我猶豫不決：其中一條是要往南騎到華盛頓 (Washington) 後再騎阿勒格尼步道 (Great Allegheny Trail)，這是一條非常有名的鐵馬道，路途的風景更是美不勝收，但從德拉瓦州騎到華盛頓，再轉彎騎到匹茲堡，優點是風景美，路又平坦，但是總路程要六百多公里；另一條就是騎上30號林肯公路直接縱向跨過阿帕拉契山脈，只要三百多公里就到得了，所以為了這里程數上的差異，於是我選擇了騎上林肯公路……

沒想到惡夢就此開始啊！

從地圖上來看，阿帕拉契山脈的高度並不高，最高峰在北卡羅萊納州的米切爾峰（海拔2,037公尺），也不是高難度的山脈，而且我也不會騎到坡度高的地區；但跨過這座山，對於單車騎士而言，是一個嚴酷的體驗，尤其是沒有長途騎乘經驗，也沒有足夠體力的我。

賓州是阿米希民族(Amish)的大本營之一，他們回歸自然生活，抵制汽車和電力，在這一帶開發農田、駕著馬車在路上穿梭、穿著樸實，不曉得當他們看見我時，是用什麼樣的心情來看待我呢？

事後，我問起其他人對於阿米希人的看法，他們告訴我這是一個封閉又不願改變的族群，對於他們會近親通婚這件事無法接受。但是對我而言，不同的文化、不同的宗教，產生的生活模式，可能追溯到以前的歷史，不是我們能去改變的，我對於他們，只是充滿了好奇心。

因為踏入了傳統的環境裡，所面對的多半是農莊、農田，還有數不完的牛群，一開始感到非常新鮮，到後來反而有點痲痺。而最讓我痛苦的，是在這段路上不斷起伏的山丘地形(Hills)，這些山丘地形往往是兩三百公尺的高低落差，有時還會來一座四、五百公尺，甚至更高的小山丘，我常開玩笑說：「這算什麼山丘(Hill)，這些根本都是山(Mountain)啊！」我實在受不了這條公路，翻過一座山，又是一座山，罵完三字經後還是一座山……

那天我累到腳在抖，我見到一個小商店正在賣著熱狗，而且兩隻只要五十分美金，相當便宜，於是我進去裡頭逛一逛，最後卻買了炸雞餐還有一堆水果，反而沒有買到熱狗，反正都快累死了，不如停下來填飽自己的肚子好了。

剛好這間商店也是簡易的遊客中心，雜誌櫃上擺放了許多簡介和折價券可以使用，我從雜誌櫃上挑了一本介紹林肯公路的書，然後一頁一頁的翻閱，我才真正靜下心去了解我腳上所騎的公路；在此之前，我的目標就是「要騎到匹茲堡，要騎到匹茲堡」，所以很多別具意義的景點或區域都錯過了，就好像回到紐約那個時候一樣，盲目的往前行，卻錯過無數的風景。

這條公路所經過的一些城鎮，跟南北戰爭有關，著名的戰役也發生在這條公路上，雖然蓋起的建築物，讓人很難想像當時的場景，但面對廣大的平原，我耳邊彷彿浮現了戰場上廝殺的聲音，也曾幻想著自己是指揮官站在高處指引著軍隊前進。

但一開始的意志力實在薄弱，途中時常想要放棄，五月的東部，不時還有寒流來襲，實在沒有什麼腿力去爬這些山路，最後下車用牽的才把全部家當從山底推到山頭、然後再滑到山底、再推到山頭。

最後我開始調整我的步調，一直說服著自己：「寧可慢，不可急。」尤其是在離開約克（York）的路上，因為急於找尋紮營的地點，重重的摔了一跤。越是急著要去完成一件情，只會讓人失去原本的理性，喪失了思考的能力。

既然沒有腿力，那就鍛鍊一下腳力吧！用牽的也要牽到終點。

這條林肯公路，可真是幫我上了我在美國的第一堂課，但如果沒有這段路的洗禮，我的腳力也不會這麼快就可以騎長途，甚至翻過往後更高更難爬的山。

右　林肯公路的招牌
左　沒有終點的爬坡

第一次就要上手

既然已經上路了
一切都必須靠自己來
往後的路途還很遙遠
永遠都無法預料下一步會發生什麼插曲

出發前，每個人擔心的問我：

「你會搭帳篷嗎？你有露過營嗎？你會生火嗎？你會煮飯嗎？你會補胎嗎？你會調煞車或變速嗎？」

因為，我就是一個完全沒有經驗的人。露營、登山、野外求生，連基本的打繩結也不會，身上帶的打火石也只使用過兩次，最後還是靠著加油站買的打火機度過許多有營火的夜晚。

現代交通便利、資訊發達，長途旅行對現代人來說，困難度已經遠小於過去，在鹽湖城的傑克(Jack)跟我說過，當初他和他老婆到澳洲旅行，豎起大姆指，走到哪裡攔到哪裡的 Hitchhiker(搭便車的旅行者)，也這樣搭著便車就繞完了澳洲一圈。

在紐約摔個狗吃屎之後，往費城的路上，一直覺得腳踏車怪怪的，不時會發出很規律的金屬摩擦聲，當我停下來檢查後才發現，原來是我的大盤因為那次摔車，造成了變形，

和單車獨處

所以每當大盤轉一圈，就會和齒輪摩擦發出響亮的聲音。

這下糟糕了，還沒補過胎就先壞掉機械方面的東西。「這情況應該是不太可能會遇到的啊，怎麼我才騎不到一百公里就發生了。」

在出發到美國的前三天，功學社的謝校長邀約了我到他們的工廠去學習基本的技術，他教我怎麼調整一些簡單的零件。當時他們都覺得怎麼會有人什麼都不會，就要出發去騎車環遊美國，這個人不是瘋了，就是太有膽量了。也因為那次「見習」的機會，讓我這次大盤變形的異常，能有效的利用打鍊器拆開鍊條，拿出所有的齒輪，然後把彎掉的齒輪盤放在柏油鋪的地上，靠雙腳用力的踩，把變形的地方拗回來，至少往後的日子不要再磨到鍊條就好。就這樣，變形的大盤就一路陪著我騎到終點，沒有再發生過任何意外了。

第一次在外頭露營，是躲在紐澤西小鎮的一個無人公園（River Front Park），我找到了一個小角落，打開帳篷，好比買了新手機，要拿起中文說明書開始一步步操作。五月的東岸，夜晚還是非常的冷，如果搭不起來，真不知道今晚要怎麼辦了，帶著這種只許成功不許失敗的勇氣，半個小時過去，我還是找不到該對應的扣環，再半個小時過去，才好不容易將帳篷搭好，搭好它那一刻，有股成就感湧上心頭。迫不及待趕快躲進帳篷裡，第一次露宿街頭，彷彿裡外兩個世界，外頭有任何風吹草動，都讓我膽顫心驚，因為人們總是說美國晚上治安很差，這讓我像隻小貓一樣蜷曲在睡袋裡頭，徹夜難眠。

從紐約開始，一直騎到了印地安納州，才發生第一次爆胎，其實還算幸運。事發當時已經是晚上六點多左右，除了邊騎邊找可以露營的地點，另一方面肚子也開始咕嚕咕嚕的

手動拆了大盤維修

一個人補胎

叫著，但這小鎮的路坑坑洞洞的，正當我看見一間牛排店打著廣告，一餐牛肉 Buffet 只要不到七塊美金，讓我心動地想停下來，就在那一瞬間，我的腳踏車騎過了一個大坑洞，手都被那坑洞震到麻了，說時遲那時快，只見我的輪胎就像洩了氣的皮球，短短的幾秒鐘，輪胎已經把氣洩得一乾二淨了。我整個人慌了，心想都快天黑了，連能紮營的地方都還沒有找到，那七塊美金有找的牛排大餐就算了吧，而且當時整個胃口都沒有了，再找不到紮營點，入夜後會變得更困難。

其實只要再往前騎一百公尺左右，就能接上一條鐵馬道，鐵馬道不但車少、人少，路況品質也比一般公路好很多，如果我專注騎車，搞不好不會這麼早就碰上爆胎的問題。

第一次動手換輪胎，我把行李一一地卸下車，從工具包裡拿了工具出來，把輪胎拆了，內胎拉出來，換上新的內胎，檢查有沒有把內胎塞好，打滿氣。這一處理又是一個鐘頭過去了，中途有人停下來問我需不需要幫忙，我一律回絕說聲謝謝，因為我知道，既然已經上路了，一切都必須靠自己來，往後的路途還很遙遠，永遠都無法預料下一步會發生什麼插曲，只有相信自己，把一切賭注押在自己身上，才會激發出自己內心存在許久的能力和毅力。

最後，十一次的爆胎經驗，換了六個外胎，雖然這是單車旅行者最不想碰上的倒楣事，但我都一一克服了。

第一次有什麼難？最難的是如何面對心中焦慮和恐懼，只要勇敢的踏出去，其實沒那麼困難的。

想要與需要

當我們能放下更多對物質的欲望時
才會發現什麼才是自己最需要的東西

在旅程開始之前，我列出了一大張的裝備明細，從睡的到吃的、住的，甚至連玩的都在我的清單裡。如同菜單一樣，越多越精彩，越豐富越吸引人，在出發離開台灣前，這些行李的重量就差不多要三十五公斤了，而這三十五公斤，必須全部放在我那台腳踏車上。

原本的單車行李包，我在前後輪兩側各放兩個，所以總共會有四個行李包裝下我所有物品，但當我到紐約後，我跑了好多家腳踏車店，就是找不到適合我放在前輪兩側的貨架，因為前叉的設計當初就不是針對旅行用的，所以沒有螺絲孔可以裝下貨架，沒了貨架，就沒辦法掛上那兩個行李包。

每家店面都告訴我，如果你要裝，你就要換這個換那個，然後改掉這個，英文不是很好的我，整個一頭霧水，難不成要我換一台車嗎？而且我算一算，需要的錢也差不多可以買輛新的腳踏車了。

我回到青年旅社，看著從機場慢慢拖回旅館的行李。回想自己是怎樣將腳踏車和行李半拖半拉弄到青年旅社；還有，剛上路時，不知道怎樣控制負重的腳踏車，常常會被沉重的單車拖倒在地上；或是在抬上樓梯時來個「翹勾鍊」，但也只能忍受路人冷眼旁觀的眼

琳瑯滿目的商品

神。我感到心灰意冷，不知道接下來要怎麼持續下去？

「怎麼辦呢？難道我還要繼續拖著一大堆行李跟著我旅行嗎？」我苦惱著。

當時我獨自坐在客廳時，與我同住在這間青年旅社的中國同胞——袁，從外頭回來，他聽完後，也為了這件事跟我一起苦惱著，一時他也想不出該用什麼辦法解決。

最後，我深深吐了一口氣，並告訴自己：「只要有的住有的吃就好，剩下的遇到再說。」於是我打開我的行李，把那些當初自認為很重要的東西乾脆打包寄到終點站——聖地牙哥，拿出折疊椅、洗鏈器、延長線、地墊、鑷子、防曬油、充電器、洗衣粉、調味醬……衣服也只留下冬夏各一套，輪流交換穿就好，就這樣，這些零零碎碎的東西，讓我的重量少了快十公斤，我從四包行李最後濃縮成兩包，剩下的就請袁幫我寄到聖地牙哥。

在旅途中，我變得越來越乾脆把其他用不著的東西一一丟棄，太陽能板充電器我也丟了，鞋子我也丟了，換了涼鞋後，連襪子和拖鞋也都不穿了，剩下的東西都是一路陪我從出發到終點的東西，而這些東西的使用率也一直是最高的。

旅行前我問過一個單車旅行家：「你是怎麼保持良好的體力去騎車？」

他簡潔有力的說：「睡覺。」

於是我越來越能了瞭解到「很重要的東西，其實並沒有那麼需要」。

在一個人旅行的過程中，儘可能的讓自己的身體狀況維持在最佳狀態，才是最重要的事，所以保暖防水衣物是非常重要的裝備之一，當初我就是太有自信不攜帶雨具、不準備雨衣。但是，就算是頂級的防水透氣外套，也會因為它具有先天的「透氣性」，所以面對又濕又冷的天氣時，保暖的效果也會打了點折扣，結果因為沒有防水雨衣，讓自己差點重感冒，也曾因為高估自己的能力而騎到差點熱衰竭。

另外，住宿的品質也是相當重要的條件之一，睡袋的舒適度、睡墊的隔熱能力，一個好的睡眠品質會影響到每日騎車時的精神狀態；肚子餓的時候也要準備好野炊的打算，「背包裡頭永遠都要為自己保留一份餐點。」這也是我在旅行中學到的經驗。說穿了，剩下的東西只是能讓旅途中多點意外的樂趣，但那些並不是真正旅行所「需要」的東西，而是旅行中「想要」的東西。

想要和需要的不同，也讓我反省過去的我，總是喜歡去追求最新的科技，喜歡名牌和視覺效果很好的物品，這常常會讓我們淪陷在物質的迷思裡頭。想像一下以前的人們，沒有這些東西也能活得很快樂，也活得好，不是嗎？

陪著我騎到最後的水壺， 是從便利商店買的三十五元飲料瓶子，幫我抵擋陽光的，是一副不到五百元的太陽眼鏡，連絡用的手機也只是一台便宜的手機，GPS不當地圖使用，而是我查看所在高度的工具。

日子一天一天的過去了，我也越來越像個流浪漢了，當我們能放下更多對物質的欲望時，才會發現什麼才是自己最需要的東西，而那些真正需要的，我們才會懂得珍惜。

最豐盛的大餐

感恩

是時候
為我的家人做點事了
這趟旅程
是為了感恩我的家庭而出發

從紐約往費城的路上，我依照谷哥地圖（Google Map）給我的路線走，結果我居然騎進了黑人貧民窟，也不像電影那般陰森恐怖，反而是多了點老舊和空虛的氛圍。

我曾經在路上被警察攔下來，當警察得知我要走的路線時，他說：「如果我是你，我不會走這裡，這裡都是黑人，他們會推你、打你、搶劫你，趕快走吧！」

這不是我第一次誤闖黑人區，也不是我第一次被恐嚇即將會有生命危險，與其說笨，不如說我膽子大到想去看看所謂的黑人區吧！雖然內心恐懼不已，我還是故作鎮定的往下騎，甚至會跟對眼的黑人打聲招呼。

「嘿，你要去哪裡？」「你看我兒子都只會住在家裡面啦！」

我也聽過：「Hey, what's up? Man.」（嘿！怎麼啦？）

友善的招呼出乎我意料之外，或許是他們看我身上沒什麼好搶的吧？畢竟一看就像苦行的乞丐，可能同情和疑惑遠大搶劫我的興趣，所以才會對我釋出善意，用很平常的態度

太平洋海岸線；永遠的朋友

你最感恩的是什麼

黑人的塗鴉牆

跟我打招呼。

當我騎在貧民窟裡，停在紅燈前，右手邊有一面牆被塗鴉了很多文字，就像留言板一樣，讓很多人可以在上面寫上自己的話。而那面牆的主題叫作：「What are you grateful for?」（你最感恩的是什麼？）

那時離開紐約的我，還沒有找到這趟旅行的意義，心志還不穩定，也不知道為什麼要出走，身體和心志都尚未找到方向時，我意外撞見這面牆，似乎也是在問我自己：「你最感恩的是什麼？」

失去親人的痛，曾經讓我的志氣跌落到谷底，曾經讓我很痛恨這世上所發生的不公平，如今，我選擇了一個人騎腳踏車出發旅行，去體驗不同的人生經驗，去感受不同的文化刺激。我之所以能站在這路口盯著這面牆，是為什麼呢？

牆面上有一排文字是這樣寫著：「God allow me to walk.」（上帝讓我能走路）

在貧民窟裡頭，我發現他們對心靈上的重視遠大於物質的需求，所以儘管是一個小小的感恩，也能感受到強大的力量。我們可能會覺得，有一棟房子、有一台車、能發財賺大錢，才是我們該感謝老天爺的時候；當我看著我的四周，我全身上下僅有一輛腳踏車和兩大包行李，當所有的所需都已經繫於這台腳踏車上，當我還能踩踏、還能用眼睛看世界、還能平安到這裡、還能有水喝，到底還有什麼東西是我覺得還不夠的呢？

小時候，打開家裡的窗戶打開，對面是一座山，媽媽以前常常會叫我多往山上看，看那些綠色的樹，可以幫助眼睛，不會近視。至今，我還保有一雙健康的眼睛，能真實的看這世界的所有一切，我還擁有健康的身體出來旅行，我還奢求什麼呢？

雖然失去了家人，但我的家庭給我的成長還有教育，是我這輩子最大的收穫，我感謝老天爺給了我一個溫暖的家、共患難的家人，也許過去我不懂得對家庭付出感恩，但現在，我了解到，我所感恩的，是這座小小的堡壘，在你窮途潦倒時，一個永遠為你點一盞燈歡迎你回來的地方。

過去，都是家人在為我做事情，為了讓我畢業提供我生活費，為了我的健康讓我參加羽毛球隊，他們為了家付出了一切，現在，輪到我為我的家庭做點事情，這也許是我會選擇出發旅行的原因之一；健康的雙眼，是母親留給我的禮物，我要帶著這雙眼替我母親看這世界，我的所見所聞，就如同她也能感受到。單車旅行，是姊姊留給我最偉大的壯舉，我要騎著這台車完成這份夢想，我知道無時無刻，她都陪伴在我身旁給我鼓勵。

是時候，為我的家人做點事了，這趟旅程，是為了感恩我的家庭而出發。

當一切有了意義之後——芝加哥

直到發現該為這趟旅程賦予意義之後
才慢慢地去體會旅行中帶給我的快樂和驚喜

我大學有一個朋友，大家都叫他「鵝蛋」，他常常和幾個外國朋友一起玩「酷跑」，於是他先介紹了裡面的團員給我認識，住在猶他州，但後來發現那人他家鄉的位置離我的路線差很遠，所以沒能去拜訪他的家人。他於是介紹了另一個朋友給我，喬許 (Josh)，他有認識住紐約的朋友，但紐約的朋友在我抵達紐約的那幾天外出旅遊了，所以又從紐約的朋友中，介紹了住在芝加哥的大衛 (David) 給我認識。我和大衛的認識，就是靠著朋友的朋友的朋友的朋友，這麼複雜的關係才會認識的。

大衛在芝加哥大學念西班牙文博士，房間堆滿了一座又一座由書本堆砌起的小山，睡前我會看見他點起床頭小燈，躺在床上品味著書本帶給他的平靜和充實。

大衛過去也來過台灣，對台灣的印象很好，對於我要騎腳踏車橫跨美國這件事，他抱著一顆祝福的心給我，並給了我這段休息時間最大的享受。

芝加哥白金漢噴泉

芝加哥的朋友們

在沒有任何目的和意義前，旅行是痛苦而無趣的，只是不斷的在內心問著：「你到底在搞什麼？」

在紐約就因為茫然的心情，而錯失認識紐約以及增廣見聞的機會，直到發現該為這趟旅程賦予意義之後，才慢慢地去體會旅行帶給我的快樂和驚喜。當我到了芝加哥，告訴自己不要再這麼死腦筋，活在傷痛和寂寞中，這對於自己並沒有任何的實質幫助，也不可能走出心中的傷痛，我告訴自己要花點心思去享受這旅途，而不是一心只想著要騎到終點。

都出來了，就去些該去的地方，看些該看的東西，至少以後不會感到後悔和可惜，這不是當初你畫下旅行路線圖的意義嗎？

「這是公車和 CTA 捷運的通用卡，這幾天你拿去用吧，我用走的去學校就好。」大衛把他身上地鐵票卡 (Metro) 給我用，並告訴我有什麼地方值得去走一走。於是在芝加哥的四天裡頭，我逛了兩間博物館、到了兒童樂園般的海軍碼頭、吃了號稱最厚的芝加哥披薩、見過知名建築物作品──豆子 (Bean)、穿越無數貫穿市區的河道、見到麥克喬丹的雕像、白襪隊的主場、站在66號公路的起點……。在這四天，我如同一個觀光客在探索這座城市，但是我選擇用騎腳踏車去認識這座城市，如此一來，便可以在短時間內將芝加哥市區走遍，享受每一條路，每一棟建築物給我的新鮮感。

晚上，大衛帶我到校區附近的餐廳吃飯，也帶我認識了一些愛好語言和旅遊的朋友，我們聊著電影、聊著未來的計畫、聊著不同國家的旅行經驗，當時的我，就好像就在芝加哥念書的大學生，好快樂、好輕鬆。

離開芝加哥那天是禮拜天，身為虔誠的基督徒，大衛每個星期日都會去教堂做禮拜；當我知道他這一天也要上教堂時，我像跟屁蟲一樣請他帶著我一起去，從來沒有進去過教堂的我，也終於踏出了這一步，去感受不同宗教的文化。

這四天的芝加哥之旅，我帶著旅行的意義停留在此，總覺得還有好多地方沒有去過，沒有搭上約翰漢克大樓眺望芝加哥、還有好多值得一去的博物館也來不及參觀，不夠還是不夠，或許還要更長的時間才能更深入了解這座城市吧！但我已經帶著滿滿的收穫、滿滿的知識、還有對這城市的滿滿回憶，在我離開的那一天，我用微笑跟這座城市道別，如果還有機會，我還想再踏入這座城市，繼續享受旅行。

芝加哥城市景象

痛苦

悲劇無時無刻都在默默的發生著

旅途的起點——紐約

我一心只想趕快離開
趕快到達終點
身上的錢不敢亂花
也沒有花多餘的心思去欣賞紐約的美

踏上美國國土，心情非常地複雜，一個人從機場大廳，推著那可以裝下一個成人大小的腳踏車紙箱，路過的旁人抱著好奇和異樣的眼光往這邊看過來。

「我真的到美國了。」

對於一個完全沒有騎長途腳踏車經驗的我，不但沒有環島台灣，也沒有騎上過武嶺，不知道是哪裡來的勇氣，讓我敢做出這種決定，一個人出門騎腳踏車旅行。

萬事起頭難，首先遭遇的是：我在機場裡迷路了。

出了機場，我一頭霧水不知道該如何離開，人潮流動非常快速的紐約甘迺迪機場，因為自己對於這旅程太隨性的關係，沒有做功課，原本只要一個小時車程就可以到的青年旅社，我花了將近八個鐘頭才到達，除了一開始不了解紐約的交通系統、英文標誌、陌生的有色膚種、連轉乘地鐵都讓我傷透腦筋，更別提我還要半拖半拉著我全部的家當。

我出了美國海關之後，第一個跟我講話的人，就是幫助我離開機場繁雜交通的地勤人

紐約時代廣場

員。當時我蹲坐一旁整理行李，在我眼角的餘光中走來了一位穿著很像警察服裝的人，黝黑的皮膚、高大的身材……，當他越來越靠近我時，感覺有股壓力朝我這衝了過來，另一方面，是對黑人的印象有點恐懼。

「Hey, what are you doing?」（嘿！你在做什麼？）他用很誇張又疑惑的表情問我。

「I...I...I...」我開始結巴不知道該怎麼回答。

「Ok, where are you going? Do you need any help?」（你要去哪裡呢？有什麼需要幫忙的嗎？）他又接著問。

雖然我的英文從高中開始就不算太差，大學聯考也是英文考得最高分（顯然我每一科都考得很差），想不到要和外國人用英文溝通時，卻是這麼難開口。就算我知道他在表達什麼，但是就像高速公路塞了車，動「談」不得啊！

他很有耐心的看我比手劃腳，我遞上寫在紙上的青年旅館地址，慢慢的用英文一個單字、一個單字的拼成一串對話。

他開始用很慢的語調教我怎麼搭上機場快捷這類的電車，然後到終點站後要轉紐約地鐵，要怎麼買票，要搭到哪一站，他很仔細的告訴我，但十次點頭，只有五次是真的懂。

這就是我在美國第一個見面交談的經驗，但讓我準備好了要打開話匣子去面對接下來的每一個人。

我拖著沉重的行李，終於抵達位於布魯克林區的青年旅社。裡面的房間有三張上下層的雙層床，一想到今晚睡在身旁的人，不但是從來沒有見過的陌生人，更有可能是來自世

專業的街頭藝人

界各地的外國人，與其說是興奮，更不如說是糾結，讓一切又變得緊張了起來。

我選了靠窗戶的雙層床上層，希望早上的日光能照進來，提醒我起床，但結果證明我想太多了，在天還沒亮時，我就已經睜開雙眼，聽著周圍其他房客的鼾聲，等待太陽出來。

五月的紐約街頭是個非常舒服的季節，白天的氣溫讓人感受到溫暖，卻不會因為濕度過高而感覺不舒服，但太陽要準備下山時，氣溫驟降，冷風會吹得頭痛且鼻水直流。

以前常常聽朋友說，「外國人真是瘋了，中午十二點還在外頭運動！」

因為不同的經緯度，在這裡的中午十二點，其實正是太陽曬得最舒服、氣溫又算涼爽的時候。換個地方，人們的生活模式多少有些不一樣。

如同一般的觀光客，沒有目的的我，只是在紐約市裡閒晃著，也順便花了點時間尋找能裝在前輪兩側的貨架。在我拜訪第四家腳踏車店時，店員好不容易找到了一個前叉，能讓我的腳踏車裝上前貨架，所以我在這店裡花了八十塊美金買下前叉，我帶著它前往能幫我組裝的店家，聽說這家是經驗老道的師傅。

「這前叉不符合你的輪框，我不能幫你裝。」店員告訴我。（我的輪框用公路車的尺寸700C，大約二十八吋左右，但那前叉卻是設計給登山車使用的尺寸，約二十六吋）

「那我應該怎麼辦？」我頂著一口破爛的英文問他。

「回去吧，我幫不了你。」他搖搖頭後不屑的打發我走。

頓時我像失了魂般無助，呆呆地站在店門口，期待著有人能幫助我，但是店員只是忙著應付其他客人。花了這麼多錢，買了完全不合適的前叉，我站在紐約街頭，怎麼旅行的第一天就這麼慘？鼓起勇氣回到賣我這前叉的店，深怕他會說：「貨品售出，概不退換」。還好，店員經我解釋發現自己疏忽賣錯了東西，於是一直跟我道歉並退還我那八十塊美金，能拿回錢，我真的好開心。

在紐約一整天，不但找不到合適的前叉，居然還在紐約市摔個狗吃屎，手腳都磨破皮了，連路旁推著嬰兒車的婦女都特地上前關心我有沒有受傷。

「I am good, I am good, thank you.」（我很好，我很好，謝謝妳。）我強忍著痛趕快逃離現場。

儘管在旅行的一開始，非常不適應美國的環境，我一心只想趕快離開起點，趕快到達終點，身上的錢不敢亂花，也沒有花多餘的心思去欣賞紐約的美，錯過了許多值得一去的博物館，讓我在旅行結束後非常的後悔。因為那時尚不知道自己出走的目的是什麼，可以設定什麼目標，所以我連觀光客都算不得，只是紐約的過客，無心去體會當地的人文風情。

離開紐約．曼哈頓大橋

摔車

最無助的一刻
是當身體騰在半空中
腦海裡一片空白的時候

整趟旅程，算幸運吧！因為我只發生過兩次摔車意外。

幸運的是，兩次都沒有影響我後面的旅程，還能順利的完成夢想，回到家鄉，我想，這樣就足夠幸運了吧！

第一次，我在紐約市找尋改裝我前貨架的店家，紐約的路況很差勁，早有所聞，但自己卻忘情的在大城市裡高速穿梭，幻想自己是單車快遞，可以在車陣中來回奔馳。

這次摔車不是發生在擁擠的車陣中，而是在一個沒有什麼車的巷子裡，我眼前一個凸出來的水溝蓋，讓我當下急忙的騎上人行道。就在柏油路要跨上人行道的那一段高度差，讓我的前輪打滑，我的左肩先著地，然後往前翻滾了三、四公尺，有一位推著娃娃車的媽媽朝我走過來，我見她似乎被這突如其來的狀況驚嚇到，急忙上前詢問我有沒有事。我趕緊把車扶起，說聲沒事後趕快逃離現場。

那次，我很幸運的只是擦傷了膝蓋，手也只是輕微的破皮，但腳踏車卻撞壞了大盤，過了幾天才出狀況，必須把大盤齒輪拆下來修理。

好痛！

第二次的摔車，是我騎在林肯公路上(Route 30)，在經過約克(York)時。正當我穿越火車鐵軌，因為鐵軌和馬路的角度大於四十五度，我的前輪就這麼硬生生的滑進鐵軌的縫隙裡，連人帶車往前摔了一圈，路面上布滿了小碎石，跌倒後我的右手手掌瞬間血流不止，腳踏車的把手也撞歪了，掛在貨架上的行李包也都散落一地，好不悽慘。

當下我看著我的手心想：「完了！」

讓我更絕望的是，來來回回的車子，居然沒有人願意停下來關心我，好像沒看見我一樣，繼續往前開，幸好身上僅是皮肉傷，不然我真不知道該怎麼辦。

我擔心右手還有沒有辦法再繼續騎車，如果是輪框變形，至少還可以找地方修，但如果手痛到沒辦法撐住身體，那情況會變得相當惡劣，甚至被迫放棄前行。

我趕緊清理完摔車現場，然後連人帶車的躲在鐵軌旁的角落，拿出急救箱開始替自己上藥止血，雙手因害怕而不斷顫抖，頭也感覺昏昏沉沉的；下午五點了，我很想就地紮營，但這地方車子來來回回，交通非常混亂，附近實在沒有一個能安全休息的地方，我靜坐在鐵軌上，手用力壓住流著血的右手掌，兩眼無神的發呆，只祈禱度過這段痛苦時間。

休息了半小時，動一動雙手，看樣子手腕還可以自由活動，應該只是皮肉傷而已，沒有傷到筋骨。回過神後，距離匹茲堡還有兩百公里，我只想趕快找一個能紮營的地方安靜休息。

這兩次摔車，最無助的一刻，是當身體騰在半空中，腦海裡一片空白的時候。那時感覺在空中的時間是一個鐘頭，而不是一秒鐘，但速度之快，根本來不及多做什麼。雖然

無助的神情

心想著絕對不要用手撐，不要用手撐，但下意識還是會很自然的用雙手去保護身體，導致每次摔車之後，最嚴重的傷都是在手掌心上。

我心想著：當車禍發生時，也是這麼措手不及嗎？之後，我越來越小心騎車，不論是在美國，還是回台灣後，我都不斷提醒自己要格外重視道路交通安全，如果那時我不是往右邊碎石子摔去，而是往左邊摔，我可能會直接被後方的車追撞上來，我無法再繼續想像。

是感冒還是脫水

一路上都沒有力氣去踩踏
上氣不接下氣
頭也很暈
喉嚨又發炎
只要吞個口水就會又乾又痛

早上喉嚨就開始痛，但還能撐，暫時不用放在心上。

我要離開傑克遜，準備繼續往南方騎，出發前，先去郵局一趟，把手上的明信片和紀念品寄給台灣的朋友。

當地的郵局不提供「膠帶」的免費打包服務，因此如果要封箱，必須花四塊美金買一卷膠帶，這膠帶還是台灣製造的！

我偷偷拿了一卷膠帶，躲在旁邊的角落打包，趁服務員忙碌之餘，再偷偷放回原處，當作一切都沒發生過一樣，寄出物品，趕緊離開案發現場。

接下來往南走的路線，我選擇了89號公路，這是一條可以通往鹽湖城的公路，但距離這兒有五百多公里左右，比台北到高雄還遠，而且這段路要翻過三個小山（高度兩千公尺左右高）。

猶他州，筆直的公路

出發的第一天，上路沒有多久，頭開始感到有點暈眩，而且肚子也隱隱作痛。迎面吹在我臉上的，是一陣陣的熱風，時強時弱。我覺得身體越來越不對勁了，有點感冒不舒服的感覺，開始肌肉無力還有一點畏寒的現象出現了，漸漸地沒有體力再踩著踏板往下騎。我在星岸小鎮 (Star Village) 附近找到一個休息區 (Rest Area)，現在才不到下午五點，我已經在這地方紮好營了。

慢慢地，我身體越來越不舒服，越來越無力，我感冒了！身體發冷，頭開始暈，我在睡袋裡頭回想起前幾天的那場大雨，看樣子還是躲不過病毒的襲擊，我在美國生了第一場大病。

我打開了急救藥物包，吞了幾顆感冒藥和退燒藥，希望我的身體能振作起來。

在夜晚裡，身體忽冷忽熱，應該是身體在和病毒抗戰的關係吧。

一早起床，我感覺到身體狀況比昨天更差了。全身肌肉嚴重的痠痛、無力和疲倦，全出現在我身上，我真的生了一場超嚴重的感冒。

可是沒辦法，路還是要走下去，但是真的好痛苦啊！一路上都沒有力氣去踩踏，上氣不接下氣，頭也很暈，喉嚨又發炎，只要吞個口水就會又乾又痛。

到達下一個鎮後，去超市買了蘋果和牛奶，試著要多補充點營養。

「牛奶，感冒時不要喝太多，因為這種高蛋白的東西會成為病毒的溫床。」我在喝了一大口後才上網看到，只好整瓶都丟進了垃圾桶。

過了半小時，身體開始虛冷了起來，肚子一點食欲都沒有，看著大家都穿短袖，而我卻把外套一件一件的往身上穿，發抖著躲在 Subway 裡。

這附近沒有旅館，周圍的小鎮連座公園也沒有，我只好抱著虛弱的身體繼續往前。但身體不停的發出警訊，這下我是真的沒有辦法再騎了，意識已經開始模糊，也沒有力氣了，連拍照的力氣都沒有了，這比早上還要痛苦啊！是感冒加上中暑的關係嗎？

這附近什麼都沒有，只見到一大群過馬路的綿羊，但周圍沒有大片的草原，牠們是從哪裡來的呢？

下了陂，再騎了一大段路後，終於看到一間旅館 Canyon Inn，一晚只要四十二塊美金，算是非常便宜的一間了，但便宜有便宜的缺點，沒有空調沒有無線網路，這裡又偏僻沒有訊號，廁所還會漏水，但對於需要養病的我，這已經算是老天的恩惠了。

我氣喘吁吁的進到酒吧吧檯，在那只有一個客人還有老闆娘，我無力的訂下一間房間後，我告訴他們我生病了，想早點休息，就趕緊將疲憊的身體拖回到房間裡，先洗一場熱水澡，把疲勞和寒氣洗去，整個人就無力的躺在床上昏睡，感覺比昨天還痛苦，只要坐起來眼前就一片空白，我的身體到底怎麼了？怎麼這麼不堪一擊？

是不是人在身體虛弱的時候都會作夢呢？

晚上，夢見媽媽坐在輪椅上織圍巾，身上穿著漂亮的衣服，臉上帶著平淡的笑容，姊姊也坐下來，我問媽媽要不要一起來聊天，她點點頭後我就抱著她到我們旁邊，她邊打著圍巾邊聽著我們聊天。

早上起床後，很不願意讓這場夢結束，因為那是我們久違的重逢，也是我期待好久的

穿越的羊群

溫暖。我坐在床上，那痠痛又無力感似乎消失了。

吃完了感冒藥後，下午出發上路，雖然太陽很大，但氣溫還可以接受，我戴上遮陽帽，然後用頭巾圍住自己的脖子和口鼻，這樣就不會太熱，也能避免喉嚨受到風沙的侵害。

這場病，我一直以為是前幾天淋雨的關係，但事後跟其他熱水澡主人聊這整件事，他們幫我分析的結果是：我脫水了。

因為我一開始就沒有讓身體保持充足的水分，加上從原本充滿水氣的地方，騎到乾燥又微熱的區域，其實身體不知不覺的在大量失去水分。乾燥又炎熱的高溫才是最可怕的天氣，不同於潮濕的氣候，乾燥的氣候會讓身上的皮膚感覺到舒服，口也不會很快感到口渴，但是身體裡的水分，卻是在你沒有注意到時，一點一點的被蒸發掉，這是一個非常危險的氣候。

當時我硬著身子繼續騎，看見的綿羊，是不是在勸我要屈服現況，不要再硬撐？我想起夢裡母親織的圍巾，是否提醒了我要用頭巾保護好口鼻？這些都只是巧合嗎？

我心裡想著：「當時如果我再騎下去，不知道會怎麼樣？」「我會脫水死亡嗎？」「我會陳屍荒郊野外嗎？」

其實我們的身體是很敏銳的，什麼時候是好的，什麼時候是不好的，我相信在生病或是不舒服前，一定都會有警訊的，雖然我感覺的到，但我還是壓著身體繼續往前走，或許這樣差點讓我失去生命也說不定。

咪咪

咪咪已經準備好要到另一個世界去陪姊姊了吧
所以我並沒有落下眼淚
因為我們都相信
這是咪咪的決定

那一晚，在大峽谷的帳篷裡，我用手機上臉書時，看見一個令我難過的消息：咪咪因為心臟問題過世了。

咪咪是姊姊以前領養的貓咪，其實牠不叫作咪咪，而是「強強」，是我和老爸喜歡對貓咪亂稱呼，於是自己幫牠改了名字叫「咪咪」，但咪咪好像也都知道，所以不論是叫牠咪咪還是強強時，牠都會很乖巧的朝我們走過來。

記得五年前的某一天，我打開姊姊房門，看見一隻幼貓乖乖的坐在那邊，姊姊說那是她在路邊認養的貓咪，當時全部的貓咪只有牠朝姊姊身邊靠過來，於是就選了這一隻。我的第一印象是覺得：怎麼會有貓咪這麼不怕生？

媽媽還在世的時候，咪咪就已經是我們家中的成員，從來沒有和貓咪相處過的我，也因為牠的存在而對貓咪有了不一樣的感受。以往貓咪總是帶給我神祕且不易親近的感覺，而咪咪總是黏著我們一家人，有時還會躲在媽媽的輪椅下，寂寞時還會在樓梯口喵喵喵的叫著，實在有夠可愛的。

家中發生了一連串的巨變，我想，咪咪的難過一定不亞於我們，從母親那天下午無法再呼吸，到姊姊出門上班後卻永遠無法回來，這兩件讓我和爸爸傷心、痛苦的事情，相信咪咪也一定感受得到。

自從姊姊的後事都辦完後，我和爸爸決定要舉家南下，搬離這傷心地，回到嘉義的老家附近好好修養身體。這段期間我們都在忙著整理家裡的事，南北來回奔波，當時公司的主管也很貼心的讓我能做兩天班休兩天，除了可以多花點時間幫忙家裡，也讓我工作量不用這麼大。

這陣子的咪咪，有時眼角好像有乾掉的眼淚，有時會躲在姊姊房間睡覺，直到我和爸爸都在家時，牠才會跑出來陪著我們，似乎牠也知道發生了什麼事，想要有人陪，也想要陪著我們。

阿忠，是姊姊的男朋友，年齡比我還小五歲，以前我還會跟姊姊開玩笑說：「以後你們結婚，要我怎麼叫他？」但是，阿忠對姊姊的愛，是無法形容的偉大，失去了心愛的人，他的傷痛是誰也無法體會的。直到最後，阿忠還是決定要把姊姊娶回家，讓姊姊有個歸宿，有個感人的婚禮。這場冥婚，給了姊姊最後一個告別。

由於我和爸爸在忙搬家的事，沒辦法照顧咪咪，於是我們決定把牠交給阿忠照顧，阿忠當然很樂意照顧牠，因為咪咪是他和姊姊共同的寵物。

在大峽谷的那一晚，我躲在帳篷裡，得知了咪咪過世的消息，頓時我呆坐在裡頭，百感交集，咪咪因為過度肥胖，所以有心臟的問題，獸醫給予強心針後，咪咪似乎已經準備好要離開我們，連獸醫都感覺的到咪咪不願意再繼續活下去，於是宣告不治。

也許咪咪已經準備好要到另一個世界去陪姊姊了吧？所以我並沒有落下眼淚，因為我們都相信，這是咪咪的決定。

當晚，我做了個夢，夢到姊姊坐在我前面，摸著一隻貓咪，但我看不清楚貓咪的顏色。

「姊，你知道咪咪過世了嗎？你還希望再養一隻貓嗎？」我問。

「知道啊，我還是會想養貓咪。」她很平靜的回答我，似乎都已經知道這件事了。

之後的夢境我就不記得了，是我太掛念這件事了嗎？

姊姊和咪咪

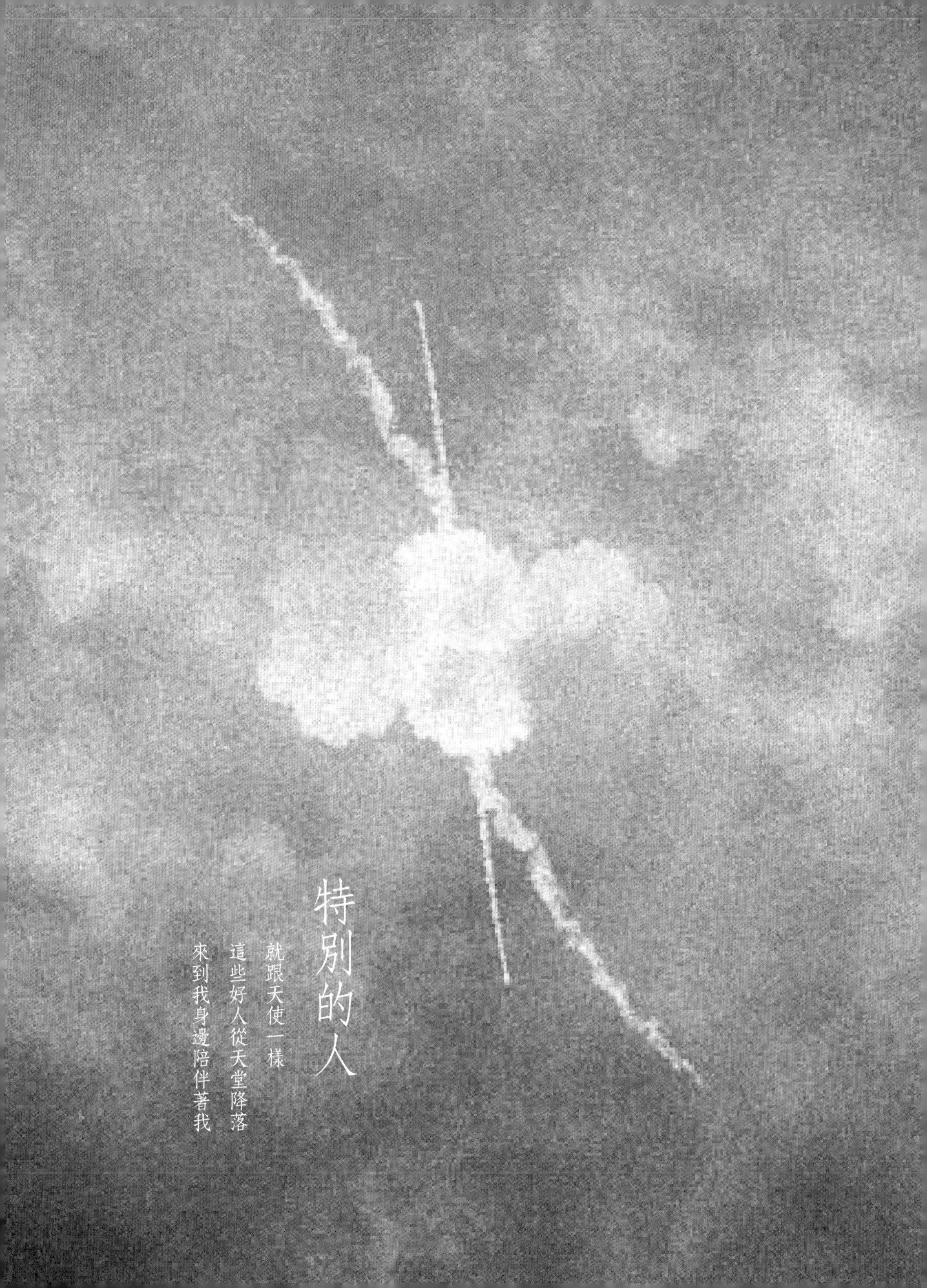

特別的人

就跟天使一樣
這些好人從天堂降落
來到我身邊陪伴著我

好久不見的朋友，in紐華克

當我滿腹苦水地從紐約出發
心中的失落，還有歷經摔車、迷路帶給我的打擊
在找不到人宣洩的情況下
我用飆車的速度騎到了費城

在念祖的宿舍前

離開了紐約，開始沿著1號公路（Route 1）往南騎，從紐約到費城差不多兩百多公里左右，就長途旅行者而言，這大概算是一條簡單的路線，大多數從紐約往南到佛羅里達（Florida）的單車旅行者都會騎這條路，而且沿著東海岸騎，幾乎都是平路，相當適合我這種沒有經驗的人上手。

因為還抓不到什麼是單車旅行的優點，還無法體會單車旅行可以帶來與駕車不同的感受，所以一開始都是選擇與汽車爭道的大馬路，騎在這種平均車速超過四十五英哩的州際公路上。當然內心也是希望，如果萬一我真的出了什麼意外，在這麼多人車的情況下，不會有人不知道有個來自台灣的小夥子跌倒了吧？在台灣長大的我，在大馬路上騎腳踏車不算是一件膽顫心驚的事情，反而旅行結束回台灣後，騎在大馬路上反而因為大家不守交通規則，而常常感到汽車呼嘯而過的恐怖。

住在紐華克（Delaware State）的念祖，是我念研究所的學長，他畢業後來到美國專攻

博士。當我滿腹苦水地從紐約出發，心中的失落，還有歷經摔車、迷路帶給我的打擊，在找不到人宣洩的情況下，我用飆車的速度騎到了費城。

五月的東岸，入夜後還非常寒冷。

「哈囉，小光。」我聽見馬路對面渾厚的呼叫聲。

「我聽見中文了！」

我們畢業之後有四年多沒見了，大家的外貌和身材都有點改變（他瘦了很多，我胖了很多），但彼此的熱情還是如同念書時期一樣。念祖開著車把我接到他住的地方(University of Newark)，我在費城的華人街終於嘗到以米飯為主食的港式料理（這一路上的我大多吃連鎖速食店）。對我來說，進去餐廳用英文點餐是一件很困難的事，所以到美國的前幾天，幾乎都是到速食店用餐，在那裡，就連套餐的號碼都跟台灣一樣。

念祖提供我住在他的宿舍裡，四天的休息，不但讓我充滿了電力，也讓我有時間把下飛機就壞掉的碼表換掉。課餘他會開著車載我去附近的賣場走走，看看美國的飲食和生活方式，學習怎麼點餐、怎麼給小費。

美國的小費文化，到底要怎麼給才不失禮又不會失血呢？

一般來說如果讓你感到用餐舒服或好吃，大部分都是給5％～10％，除非店員對你服務超好才會再往上加，但就算餐點超級難吃，服務超級爛，不付小費還是會被視為「沒禮貌」，所以就算離開餐廳前有多不滿意，還是多多少少要付點小費的，像我有一次只給五十分就閃人。

付錢的時候有人會選擇刷卡或付現，一般在刷卡帳單下面，會有一個欄位給你填寫小費要給多少，然後自己再加上用餐費後才簽名完成刷卡。現金的話分為找零不找零，不找零就是剩的給小費，我是習慣請他幫我把零錢全部找開，離開前我再自己把小費放在桌上，到時服務生整理桌面時就會拿走小費了，這比較簡單也乾脆，不喜歡就給少一點，喜歡就給多一點。

當然小費文化是在「有服務生」的店家，像一般連鎖速食店這種半自助的就不需要把小費放桌上了。以前不愛喝黑咖啡的我，也從這四天的休息開始，對於黑咖啡也不再排斥。尤其是在靜下心時，黑咖啡會扮演一個很重要的角色。

住在這裡的四天，每天早上和下午都會飄起毛毛細雨，心中不免有些擔心，幾天後要上路的我，能面對這種陰晴不定的天氣嗎？但同學告訴我，這陣子天氣算好了，不然此時應該是雨季，雨都是下的又大又久。

出發上路時，我找到了沙發衝浪（Couchsurfing）這網站，也在下一個大城市匹茲堡（Pittsburg）找到了住的地方，我把下一站，放在距離三百公里遠的匹茲堡，這將會是我的考驗，因為要穿越阿帕契山脈了。

整理好行李，跟念祖告別，他拍著我的肩，然後告訴我：「都會很好的，不要擔心，我有預感這一切會很棒。」

對於一個才剛起步的膽小鬼而言，這句話就像是算命後命理師告訴我：一切都會順利的！給了我一顆定心丸和勇氣繼續往前騎。

第一次當沙發客

他叫丹(Dan)
是我在美國第一個正式接觸的外國人
也是開啟了我心房的一位重要人士

人生第一個神奇沙發

在這一百零八天的日子裡頭，如果要大部分時間是待在旅館過夜，想必最後我的開銷將會是非常驚人吧！

在自助旅行裡，大家都對沙發客充滿了興趣和嚮往。但我並沒有一開始就很了解這一方面的資訊，出發前，我上網註冊了沙發衝浪的會員，填了些基本資料，我只寄出了幾個住宿請求，老實說，當時我真的只是抱著可有可無的心態，反正我有最耐用的帳篷，不怕沒得住。

當我住在特華拉州(Delaware State)的念祖家時，我收到了我人生中第一次的住宿邀請，地點在往西邊前進大約三百多公里的大城市，匹茲堡。那會是怎樣的感覺？是個怎樣的一個大城市？我心裡一直在思考著，畢竟我當時對旅行並沒有豐富的經驗。

離開念祖家後，是我旅程中最痛苦的一段，我走上了林肯公路，挑戰了阿帕契山脈，沒有腳力和體力的我，在這路上吃足了苦頭。摔車、沒有地方住，甚至還違規騎上州際公路，東岸的高速公路的車流量大，車速又快，我照著路標走，卻騎上了高速公路，當時我嚇壞了。

我不停的說服我自己要振作、要堅持下去。

一個下坡，我進入匹茲堡的大橋，心中放下了一顆大石頭。大大的鬆了一口氣：「終於……」

這應該算是我開始獨自旅行後的第一關，三百公里的山路，還有一連串糟糕的天氣，當時的東岸才剛吹起一陣寒流，好幾天紮營都在夜晚顫抖著身子醒過來。

我趕快聯絡願意招待我的沙發主人，他告訴我他要上班到五點，問我要不要先去他工作的地方找他，可以一起騎車回家。於是我跟他要了地址，掛上了電話，我作了一個手勢，用食指點著我的額頭、左肩、右肩，然後指著天空說：「老天爺，拜託讓我遇到好人，保佑我吧！」

匹茲堡有山城之稱，以前這裡是一座戰略價值很高的地區，東邊依著高山，西邊就是通往平原的大道，所以在這座城市裡會有些很古老的建築物，但是那時的我，沒有什麼興致欣賞旅程的風景。

我騎到了他的工作地點，他叫丹(Dan)，是我在美國第一個正式接觸的外國人，也是開啟了我心房的一位重要人士。

丹在匹茲堡的單車協會工作，工作內容是發展匹茲堡的單車活動和規畫，雖然城市裡有著許多上下坡，但騎著單車穿梭的單車客還真不少。他一見到我，就非常熱情的歡迎我，原本提心弔膽的我，頓時被他的熱情融化，我們很開心的給彼此一個擁抱，然後他給了我許多補充體力的巧克力和香蕉，還給了我一張匹茲堡的單車地圖，裡面充分提供了一位單車客需要的所有資訊，路線、單車店、停車的地方、還有些景點在裡面。

「如果你有時間，你可以照著地圖到處晃晃。」他指著地圖上的幾個景點。

他收拾好東西後，我們一起踏上腳踏車，準備回去見見我的第一個神奇沙發囉！

咦？丹怎麼走路一拐一拐的？原來他在今天上班的路上，遇上了一個大坑洞，然後整個人往前摔了出去，我舉起我前幾天跌傷的右手掌給他看。

「我也是。」然後我們兩個哈哈大笑了好久。

丹住的地方有點偏僻，鄰居都是黑人，但都很善良，很主動的跟我打招呼問好，看起來危險的地方，其實充滿了人情味。

好漂亮的房間，美國人的家真的很漂亮，打開門，刷上淡淡的藍色與黃色的牆壁，傍晚的天空還有點微亮，整個家裡明亮又舒服；大餐桌擺在旁邊，我的神奇沙發就躺在客廳，我好興奮，這是我第一次踏入外國人的家中當沙發客，很棒的開始。

這房子住了五個人，大家一起分攤房租，然後共用一些公共空間，比方廚房和客廳；而住這的五個人都是騎腳踏車通勤的，有上班的，也有還在念書的，好熱鬧。大家都走下樓來，很熱情的跟我聊天，聽著我這一段小小旅程遇上的事情。

丹以前是一位競速型單車手，參加過很多比賽，有一次，在一個長途比賽的賽程中，因為晚上視線不好，被一輛酒駕的卡車撞上，掉落到旁邊的草原，昏迷了一段時間才被發現，到醫院後，多處骨折和內臟受損，醫生一度放棄手術，但丹卻在奇蹟中活了下來，還登上了匹茲堡的新聞頭條，這報紙被裱框放在家裡的牆上。

生命力是如此強大，他告訴我他根本不知道發生了什麼事，當他在醫院的病床上醒來，已經躺了很長一段時間。他努力的復健，讓自己恢復到最佳狀況，如今才能再次展翅享受生命。另外讓我很敬仰的一件事，是他並沒有因為這場車禍而對單車產生恐懼，反而走入單車推廣的活動，把自己的經歷拿來宣導，告訴更多人騎單車應該要注意道路安全。

晚上七點了，天還沒有暗，我們坐在門口陽台，吃著餅乾配上墨

上　丹登上頭條新聞
右　非常熱血的丹
左　一家人在桌前享用美食

西哥莎莎醬，我從此刻起開始愛上這種口味；悠閒的坐在椅子上望著天空發呆，後院有一個吊床，丹跑到那裡去睡個覺。此時我在想，為什麼他們可以把工作和生活分得這麼開，把生活的品質放在第一，下了班，就是要享受生活，把煩惱放在辦公桌上，不帶回來。我以後也做得到嗎？

因為丹和住這裡的人都是素食主義者，所以晚上我們聚在一起吃了一餐的馬鈴薯炒花椰菜。

這一晚我躺在沙發上，回想著幾天前經過的一切，還有發生的所有事情，在一個安靜又充滿安全感的小屋裡，我好幸福。

一早，丹要準備工作，他問我要不要再待一晚，因為今天他剛好答應了另外一個單車旅行的人要來住，說不定我們可以一起坐下來，分享彼此的故事，於是我很開心的答應了。

今天的行程就照著昨天的那張地圖，來認識一下這座城市吧！

原本還滿熱血的我，開始沉澱下來，我回到了最初的問題：「我為什麼要出發？」往後的日子還很長，我只騎了四百多公里而已，就已經想要放棄了，躺在沙發上一晚，我已經被舒適的環境給迷戀住了，我的身心因為放鬆而感到疲憊，並開始倦怠了所有活動。

最痛苦的那一刻，是在苦難中找到舒適圈後的眷戀。

我在城市裡晃阿晃的，越晃越沒有目標，我的旅程只有目的地，卻沒有目標，一時之間失去了自己。看著自己的腳踏車，多希望這討厭的傢伙能被人偷走，讓我一了百了這趟旅程。內心的惡魔不斷拉扯。

傍晚了，我回到住處，丹剛好把另一個沙發客帶回家，他叫尼克(Niko)，他是由西往東，而我是由東往西，剛好在這裡相遇。他教了我好多使用單車道的方法，還有如何用網路查詢鐵馬道的位置，這在熱鬧的東岸騎車是很好的方法，他也介紹了我接下來可以騎上的鐵馬道(Pan Handle Trail)。隔天我在這條鐵馬道遇到了另一個曾經單車跨美的鬍鬚男，他介紹了熱水澡(WarmShowers.org)給我，這是我旅程中收穫最大的一個交友平台，也因為這段機緣，帶我走進了美國人的家庭，體驗了美國人的生活和態度。

在匹茲堡的兩天，開啟了我找尋自我的道路，雖然我當下還沒有目標，但當這燭火開始點燃後，這想法不停在腦中盤旋著，也將帶領我去面對所有的一切。

紐約是我夢想的起點，匹茲堡就是我單車旅行的起點，我從這裡學到了更多往後所需的經驗還有方法，帶領我體驗到更多更深入的生活。

丹送給我的護身符

兩個提姆——夏威夷老爸 之一

原本怕生的我
也越來越懂得如何和他相處
如何和他一起哈哈的大笑
就算有時我們語言會有隔閡
但比手畫腳也讓我們聊得很開心

「嘿，我看到有人也往這方向騎腳踏車，趕快追上來看看。」提姆老爸從後方趕上我，喘吁吁的說。

旅程中的第八十幾天，在往錫安國家公園的9號公路上，在89號公路和9號公路的轉角，有個還算熱鬧的商業區，我在加油站旁的旅館前，看到一輛旅行腳踏車，那時候我只想一個人上路就好，不要好奇去找這輛腳踏車的主人，想不到，在騎上路後半小時，這輛腳踏車的主人反而主動從後方找上了我，這是我們第一次見面。

快要六十歲的提姆，來自夏威夷，門牙缺了一個縫，說話時會帶著大老粗的口音，笑的時候露出上下兩排大牙，爽朗的哈哈大笑聲，這些特徵至今還是烙印在我的腦海裡。

從他開始旅行到我們見面，他已經騎了五千多哩（大約八千公里）的路程，從西邊加州(California)往東到佛羅里達(Florida)，接著往北到紐約(New York)，再搭乘飛機到阿

在錫安共乘小貨車

歷桑那 (Arizona)，然後一路騎到這，他還要繼續往北騎到奧瑞崗 (Oregon) 後再騎到舊金山 (San Francisco)，所以我們的見面只算是他旅程的一半而已，而我已經完成了四分之三了。

他會特地彎進這條通往錫安國家公園的路，是因為要去這附近唯一的腳踏車店 (Zion Cycle) 更換輪胎。

一開始我沒有告訴他我也要去那間腳踏車店，因為我想要一個人慢慢騎，而且去這些國家公園前的道路要爬好高的山，在炎熱的天氣下，我都快要累到喘不過氣了，哪有心情去認識新朋友，於是我們聊了幾句後就分道揚鑣了。一把年紀的他，老早就把我甩在後頭，只見到他渺小的身影爬過一座又一座的山。

錫安國家公園裡，有一條長達 1,711 公尺的隧道，只有四輪的車子才可以開過去，行人和單車一律要搭順風車才能通過。提姆遠遠看到我，張開雙手用力揮舞著向我打招呼。

「你好幸運，一到就有車可以搭，我等了好久都沒有車可以接我，一起搭車過去吧！」原來他也卡在這邊等待貨車接送我們穿越隧道，於是我們倆搭上一輛小貨車穿越過隧道，隧道裡，沒有一盞路燈，就算外頭豔陽高照，在裡頭還是感受到涼涼的風，從洞口可以往外看到錫安國家公園壯麗的峽谷景象。

「很驚人吧！」提姆很驚嘆的對我說。

「這是我第二次到這地方了，以前都沒有人要來這，一切景色都保存得很好，現在人車越來越多，管制越來越嚴格了。」

歷經磨練的我和脫線的國旗

左邊是我，右邊是提姆老爸

錫安單車店的男女主人

錫安旁的商店

雄偉的錫安峽谷

提姆也是一位喜歡單車旅行的夥伴，可以在旅途中細心品味每一刻。

「我不懂那些開快車的人在想什麼，這麼美的景象都錯過了，多浪費啊！」他說。

過了隧道，我們把車卸下後，一起往國家公園裡頭騎，面對這號稱「錫安六彎」的下坡，我心裡只有一個想法，「完了，回來有得累了。」

此時，提姆彷彿像聽見了我內心的聲音，也說：「回來真的要累了。」

我告訴他我要去營區紮營，然後在這裡待兩天，明天去幾個步道健行，而他說他等會兒去完腳踏車店就要離開繼續旅行了，於是我們再度分道揚鑣，這是我們第二次見面。

終於，在將近攝氏四十度的高溫下，我到了營地（Watchman campground），因為觀光客很多，營區只剩下大眾區可以過夜，於是我安排到營區的角落。

我把一切都安頓好了，接下來兩天，我就可以背著背包到公園的幾個特色景點去健行，錫安公園的景象真是美呆了，高聳的岩壁，矗立在我身邊，多麼雄偉，顯得自己是如此的渺小。

通往錫安的 9 號公路

我騎著車前往腳踏車店，雖然外頭的溫度讓人很想躲在遊客中心吹冷氣，但為了不要在回去「錫安六彎」的途中爆胎，我只好再度踏上腳踏車去找尋這方圓百里內唯一的腳踏車店。

「哇！Light！我們才剛聊到你耶！你就是那個留言要來這家腳踏車店買輪胎的人嘛！」提姆一見到我超興奮的跟我說，因為我在前一天住旅館時，透過社群網站和這間腳踏車店老闆聯絡，先請他們幫我準備好符合我需求的輪胎。

「我還想說你不來了，因為你沒有說你也要來，不然我們就一起騎過來。」我原本隱瞞提姆的祕密居然破功了，我只好尷尬的笑了幾聲。

腳踏車店老闆免費幫提姆換上新輪胎，也幫他把腳踏車整理一番，讓提姆對這家腳踏車店讚譽有加，那渾厚的嗓音和清脆的大笑聲，我想是這附近最大的活動招牌吧！

腳踏車店的老闆娘是個熱愛攝影的業餘攝影師，她約我和提姆一起拍照，她想紀錄我們這些有故事的旅行家。但她一點都不業餘，一進她的工作室，簡直就跟攝影棚一樣，什麼想的到的裝備和道具都應有盡有，我和提姆也對她的專業程度感到佩服。在鏡頭前，原本大剌剌的提姆，突然變得很拘謹，講話也變得小聲，我在一旁告訴他：「Tim, relax !」（提姆，放輕鬆！）

最後我們回到腳踏車店前告別，提姆選擇先到附近的咖啡店喝杯黑咖啡，而我選擇到附近的餐廳飽餐一頓，然後回到營地休息。這是我們第三次見面。

太陽開始下山，氣溫也開始慢慢降溫了。

「誰這麼沒禮貌，帳篷就搭在離我不到三公尺的距離啊？」回到營區後我心想。

「嗨，Light，我找你好久喔！」大嗓門的聲音貫穿營區。

「我剛在營區裡一直問人，有沒有看到一個台灣來的小伙子，大家都說沒有，我就一直騎一直找，終於看到你的帳篷才猜那是你的，果然被我猜對了。」他開心的說著，想不到，這是我們的第四次見面。

一心想要一個人的我，面對這麼樂觀開朗的人，我也不禁被他爽朗的笑聲感染，我們坐在帳篷前的長椅上聊天，我似乎也忘了他的大嗓門，我想，當時最吵的人應該會是我們兩個吧！只要有人來這，提姆都很開心的和他們打招呼，然後介紹我給每個人認識，我真的覺得這個營區的人都認識我們了。

「我有點餓了，你有準備什麼吃的嗎？我有很多東西，我來弄給你吃吧！」他摸著肚子問我，然後就從包包裡搬出他的廚房，開始介紹他的工具，開始做晚餐給我。

他就像一個在遠方認識的新爸爸一樣，或許是我的年紀跟他三個女兒一樣的關係，他才會對這同年齡的小孩特別有種想要照顧的心吧！原本怕生的我，也越來越懂得如何和他相處，如何一起哈哈的大笑，就算有時我們語言會有隔閡，但比手畫腳也讓我們聊得很開心。

晚上，我們互道晚安，然後回到各自的帳篷裡，這是我們第四次見到面，也一起度過了一晚。

上　提姆幫我準備晚餐
下　特色的夏威夷捲餅

兩個提姆——夏威夷老爸 之二

回頭看著他的背影
他沒有回過頭
但我相信當握手的那一剎那
他已經告訴我他的心聲了

今天要去健行囉！昨晚裝備都準備好了，這是來美國後第一次用腳健行，好興奮。清晨五點，微微的陽光，帶點涼意的晨風提前來敲醒帳篷裡的我，鬧鐘還沒有響，我就已經坐在裡頭準備好了。

此時，提姆早就已經坐在長椅上發著呆，看到我爬出帳篷，他用氣音跟我打招呼：「Good morning, Light.」但他的氣音還是如此的宏亮有力。

他昨天告訴我，他只會在這裡多住一晚，所以今天應該是他要離開的日子了，雖然有點捨不得這麼健談的朋友，他帶給我很多歡樂，也帶給我一份安全感，讓我感覺不是一個人旅行，反而像是被保護著。

為了趕上早上的遊園巴士，只好先跟他告別，祝他一路順風。

我在錫安國家公園走了兩個步道，一個是Angle's Landing（我稱作「天使降落的地方」），另外一個是The Narrow；走完這兩個步道後，我的雙肩因為背了一整天的行李，已經痛到快背不動了，腳也開始痠痛了起來。於是我搭上遊園巴士在公園裡繞一圈，接著就回營區準備今晚的晚餐了。

「嗨，Light！」提姆見到我又大聲的呼叫我的名字。

「我想想還是多待一晚好了，因為我想幫你準備新的晚餐，你試試看吧。」

他指著盤子上的墨西哥捲，還有附近朋友剩下沒有開封的香腸和牛肉塊，我們吃得好過癮啊，提姆的烹飪功力真是厲害！也許當上爸爸後，對於怎麼照顧小孩子都會變得很拿手，怎麼煮一手好吃的料理，也是其中一項必學的絕活吧！這也是我們第五次見到面。

我們一邊坐著享受晚餐，一邊分享著我今天拍的照片。

「這些地方真美，這樣你來這就值得了。」他說。

有別於昨夜的喧嘩，今晚營區的人已經流動過一次，停在旁邊的露營車也換了綠色的四人帳篷，只有我和提姆是多住一晚的過客。

我在帳篷裡面想，也許今天提姆一早起來發呆，就是在思考著要不要再待一晚吧。

為了避免太陽出來後的高溫，跟昨天一樣，五點就爬起床整理行李。今天就要打包離開這裡了，昨天爬的兩個步道已經讓我值回票價了。我出帳篷後，提姆老早就已經把東西都打包上車了。

「我先去大門旁的咖啡店吃早餐，等會兒你再過來找我，我們一起騎出去吧！」他說。

就這樣，我們一起挑戰錫安六彎，有了一起奮鬥的夥伴，這條坡不知不覺就完成了，提姆還很驕傲的說：「看起來很難騎，其實還滿簡單的嘛！」

如同我們剛來的時候，在隧道口一起攔了台貨車載我們通過隧道，他告訴我這裡是他最喜歡的國家公園之一，因為身邊

右上　健行在 The narrow
右下　天使降落處 (Angle's landing)
左　　在提姆旁邊就像個小朋友

的景色近在咫尺，在這裡才能體會什麼叫作身歷其境。

我們沿著原路，騎回相遇的9號公路，這是我旅程中唯一一次跟旅行的單車客作伴。我們回到9號公路和89號公路的交叉口，回到當初看見他腳踏車的餐廳，是時候要分別了，我要右轉往南騎，他要左轉往北騎，我要騎往他騎來的路，他要騎往我騎來的路，我們交換彼此未來的路況後，他用他的大手掌，緊緊的握著我的手，然後告訴我：「是時候真的要說再見了，未來保重，小心騎車。」

他踏上踏板出發了，我回頭看著他的背影，他沒有回過頭，但我相信當握手的那一剎那，他已經告訴我他的心聲了。

這段意外的插曲使整個旅程多了寶貴的經歷，也讓這趟國家公園之旅多了更多樂趣，他讓我更喜歡為自己野炊，準備屬於自己味道的料理，用最簡單的方式，體驗最深刻的生活方式。

五次的出現，就像天使一樣，在天使降落處，來到我身邊陪伴著我。

兩個提姆——馬戲團老爸

他沒有因此而放棄他的夢想
成為馬戲團的成員
他更努力鍛鍊自己
彌補這後天造成的缺陷

旅程的第九十天左右，離開貓王和瑪麗蓮夢露的居住棕櫚泉(Palm Springs)後，即將進入加州了。往西要穿越山脈，但不用再翻過高山，反而可以從兩座山的中央穿越過去，但這也是恐怖的逆風之旅。

太平洋吹進內陸的水氣，都被這兩座高山給擋住，導致山的後方形成乾熱的沙漠區，而必須穿越過去的這段公路，聚集所有的風吹進來，就像颱風來時，如果家裡窗戶沒有關好，細縫會發出咻咻咻的恐怖聲音一樣，也難怪這一帶放眼望去全是風力發電機。

朝這方向的寬直道路，只有一條州際高速公路(I-10)，又不允許單車騎上去，我只好騎上替代道路。那是條滿地碎石和沙質的路，好一點的路況是殘破不堪的柏油路，不好的時候會騎到火車鐵軌旁和火車爭道……加上炎熱的天氣，我騎到抓狂，用力的把腳踏車摔在地上，然後一屁股坐在地上，惱怒的把身邊的石頭用力往前丟，冷靜過後，還是只能摸著鼻子繼續往前走。

尤卡帕的吉祥象徵

頭頂有架直昇機來回不停的在附近水源處取水，因為遠方傳來火燒山的消息，我也很擔心這火燒山會不會影響我往西進的路線？

直到我穿過這高山的狹縫後，景色才變得不太一樣，終於出現了五顏六色的花朵、綠色的樹、隨風飄揚的草，我的心情也好多了。

我知道，我已經熬過這整趟旅程最困難的一段了，接下來，就是一路隨著海平面騎，加上又有完善的鐵馬道，我的旅程即將要邁入終點了。

我在熱水澡網站找到了在尤卡帕(Yucaipa)的住宿點，很有緣分的，招待我的也叫提姆(Tim)，這是我旅途中認識的第二個提姆。見到提姆的第一印象，就是「怎麼會有人壯得跟頭牛一樣」。當他把車牽進屋裡時，我一轉頭，那全副武裝的腳踏車已經被他扛在肩上輕鬆的爬上樓梯了。

「你……是職業軍人嗎？不然你怎麼可以這麼強壯？」我很好奇的問。

「哈哈哈，不是耶，我只是一般的電信業維修人員。」他笑笑的回答我。

他跟他兒子也在幾年前完成了單車橫跨美國的夢想，但他還想再出發一次，嘗試不同的路線，體驗不同的民情。他現在住的地方，是

滿滿的風力發電機

便宜的組合屋，他告訴我，他把裝備都準備好了，等到他出發時，他會將家裡所有的東西都賣掉，換成他旅行的費用，不留下任何一樣帶不走的東西，沒有包袱地去旅行。

他告訴我，上次旅行時，遇到一對年輕夫妻，把房子、車子、工作通通放下，然後帶著僅有的家當開始旅行，腳踏車後方還拖著一台娃娃車，裡面是一個五個月大的小嬰兒，連他都不敢相信他們要怎麼照顧這麼小的小孩，事隔幾年後，那對夫妻還特地寄了明信片給提姆，感謝當初的照顧。

既然出發了，為什麼還要被現實的物質給綁住？房貸、車貸、工作壓力，這些壓力不會因為你出發旅行而消失，如果不徹底拋開，等旅行結束後，立刻就要回到現實，背負這些沉重的壓力。於是，這讓提姆對旅行的意義有了新的體會。

我看著冰箱上的一張傳單，是加州迪士尼樂園的馬戲團活動。

「咦？提姆，你很喜歡看馬戲團嗎？」我邊喝飲料邊問著他。

「我喜歡啊，而且我在裡面兼差。你知道那些把人拋來拋去的表演嗎？」他邊洗著碗邊跟我說。

我實在不敢相信我的耳朵，馬戲團的團員、指導人員，甚至是學生口中的老師！這是我這輩子聽到最瘋狂的職業，也難怪他有這樣強壯的體格。

提姆的右手食指斷了一截，是小時候被汽車車門夾斷的。

「這對我已經沒有什麼影響了，我甚至感覺不出我是少半根手指頭的人。」他舉起少了一截的手指頭跟我說。

他沒有因此而放棄他的夢想，成為馬戲團的成員，他更努力鍛鍊自己，彌補這後天造成的缺陷。

提姆主動邀約我在這地方多待一晚，隔天帶我一起去玩「飛盤高爾夫」(Disc Golf)，第一次嘗試這種很有特色的運動，原本昂貴的小白球，替代品是看似平價的塑膠飛盤，果嶺上的球洞，是由鐵鏈做成的標靶物，只要將飛盤從指定位置丟到這標靶物，就算「進洞」，再彼此計算丟飛盤的次數，作為比賽，想不到這遊戲這麼好玩，雖然不是很有力氣的我，也丟了幾次被提姆稱讚的「好球」！

提姆跟他老婆住在同一鎮上，但卻是分居的，晚上我們邀約去 Pub 喝點小酒，他和他老婆相當恩愛，但我很困惑為什麼他們要分居？

「我們想要給彼此生活空間。」他告訴我。

「而且她養很多狗，我不喜歡。」他接著笑著說，我想這才是他們主要分居的原因吧！

最後，提姆介紹了住在洛杉磯附近的弟弟克力斯 (Chris) 給我，安排好我之後可以留宿的地方。準備要進入大城市了，之後不再會有適合的地點讓我搭帳篷過夜了，提姆的援助無疑對我是很大的幫助。

不知道提姆何時還會再次踏上旅行的路，也許就在不久之後吧，期待他的新旅程所帶來的故事。

壯得跟牛一樣的提姆

兩輪騎士

只要是兩輪的都算是同一陣線的朋友

衝吧！單車遊俠

「你不怕那些騎重型機車的嬉皮客嗎？那又大又壯的體型，你不怕他們傷害你嗎？」我的好朋友在我出發前這樣恐嚇著我。

在台灣，大眾騎乘的摩托車，排氣量都小於 500 CC，偶爾等紅綠燈時見到重型機車，都讓我好奇打量一下身旁這台價格不菲的摩托車，在平庸的生活裡它們是難得一見的。

美國的腹地廣大，大都市有較完善的大眾運輸系統，偏僻一點的鄉村則以汽車通勤為主。城市跟城市之間的交通，大多數人會選擇搭飛機往返，所以相較之下，騎摩托車的人，其實是他們享受生活的另一種方式。

當我騎進費城邊境時，看到了許多賣重型機車的店家，我在這裡遇到了兩個人物，一個是嚇唬我的老人，一個是跟樹說話的女人。

一位貌似慈祥的老者，在我停在重機店前時走了上來，關心我從那來、要去哪，他算是我在騎車上路後，第一個跟我主動攀談的陌生人，我有點緊張，不太習慣這麼主動釋出善意的態度，我調整一下心情，喘了幾口氣後，告訴他我要去費城的中國城，而且會沿著這條路一直騎。

「我建議你搭這裡的火車，不要再往前騎啊，你到那邊已經天黑了，那裡是黑人區，他們會把你推倒，然後搶劫你，他們常常喝醉酒，甚至拿刀捅你，然後把你拖進巷子裡面啊！你要回頭騎去車站，然後搭火車穿過那一帶才是對的。」

他露出缺了幾顆門牙的嘴巴，瞪大眼睛告訴我，比我還要憂心我的安全。但要我回頭騎到車站，可要騎將近一百公里啊，我不如加快腳步，趁太陽還沒下山前抵達費城，於是我跟他道謝後繼續往前騎，我在想當時他一定很納悶：「不是叫你回頭嗎？」

往前騎沒多久後，我停在路邊查看地圖，突然有一個聲音叫住了我。

「嘿，Biker，你過來看一下。」她用手招呼著我過去。

我停好車後走了過去。

「你看這棵樹，如果你不停下來看，你根本看不出它有多龐大。我站在它旁邊，感受到慈祥和平靜啊！」她望著樹說。

難不成這路上的人都很詭異嗎？這兩個人實在給了我很深的印象。

回歸正題，一開始在路上，我滿害怕呼嘯而過的重機騎士，當我遠遠望見他們，他們臉上那撮蓋過下巴的鬍子、刺青的手臂、龐大的體格、還戴上看不見眼睛的雷朋眼鏡，充滿殺氣的往我這邊騎過來，和我的單車比起來，我可以說是極度的單薄了，很怕他們會對我不友善，會對我充滿敵意，甚至會停下車來揍我一頓。

當擦身而過的那一瞬間，害怕的心情慢慢被消滅掉了，帥氣的人會跟我點個頭示好，有些會向我比起大拇指，而不是中指，後來我也慢慢習慣這種帥氣的打招呼方式，會很有禮貌的回應一個點頭，或是一個簡單的揮手。

這也讓我想起來，在我剛開始習慣長途旅行時，我的肩膀會因為長時間的騎乘而感到痠痛，但是又不願意停下來休息，於是我就把「打招呼」這件事，當成舒緩肌肉的方式，只要有任何人和我擦肩而過，我都會主動做一個大大的揮手，有些人還會回應一個大大的揮手給我，當得到相同回應時的心情，讓我感到相當愉快，因為代表了一個肯定和鼓勵。

我在黃石公園裡從遊客中心走出來時，有一個男子一直盯著我的車，左看、右看，我走上前後他一看我的狼狽樣，就知道我是這台腳踏車的主人，於是開始跟我聊起天來。

原來，他是腳踏車零件大廠 SRAM 的市場經理，雖然當時的我根本不知道這個品牌，也不知道這男子的頗有來頭。他騎著他的重機進行一趟長途的旅行，而他的旅程跟我一樣快要結束了。回憶起那段經驗，他望著天訴說著這是多麼棒的經驗啊！

他告訴我他常去台灣出差，會的中文是：「乾杯！」我們還約好下次如果他再來拜訪台灣，一定要一起出來「乾杯」。之後在黃石公園的路上，他又從我身邊騎過去，他的喇叭聲讓我一聽就知道是他在跟我打招呼，這是一種騎士之間的默契嗎？

Biker，在我們心中，只要是兩輪的都算是同一陣線的朋友，原本印象中會騎哈雷的人，就是孔武有力的大壞蛋，但後來發現，那些騎上重機的騎士，其實是熱愛旅遊和享受生活的一群人，有老夫老妻、有爸爸載著兒子、有追夢的中年人，他們會背上所有家當外出旅行，甚至像我一樣，從美國的一邊到另外一邊，有的人也因此曬得紅通通的，但每個騎士臉上，都是掛上了滿足的笑容。

這也許是一種旅行的樂趣。

賓城邊境的重型機車店

注意腳踏車

各式各樣的機車旅遊

嚇唬我的善良老人

物理教授的人生哲學

當我完成學業
回到這裡的學校任教
已經快五十歲了
所以，當你想要做一件事
永遠都不遲

物理頑童一家人

旅程過了一個半月，離開了拉皮德市，我花不到一天的騎程距離，就能到達下一個熱水澡主人家。我心裡想著：「我真是太幸福了！」

沒想到緊接著，我面臨了重大的考驗。

早上差不多十一點左右出發，外頭已經下起了毛毛雨，雖然附近有暴風圈圍繞，但我僥倖地以為應該不會影響到我吧。但事實上，在雨中騎車，是一件危險又麻煩的事。

「Pull over.」（停車），在路上有人開到我旁邊說。

我以為是我騎到馬路上，擋住了後方開車的路線，有人要把我攔下來罵一頓，當時我這樣臆測，照理說既然如此，我理當要加速往前衝，避開被罵的可能，但我還是傻傻的找了塊空地，然後停了下來。

「你從哪來的？要去哪？」車主搖下車窗跟我說話，是一位中年女子。

「下雨了，你怎麼辦？有沒有地方住？我住附近，你要不要住一晚？」

想不到她居然願意讓我待一晚好好休息，我很感動有人可以這樣接待一位陌生人到家中，這種溫暖如同雨中送上一把傘，是種安全感和溫暖。

但我拒絕了，因為多待一天，並沒有在計畫之中，再說我也跟熱水澡主人聯絡好，必須要過去了，於是我婉拒她後繼續往前騎。

下一站的熱水澡，在離這差不多八十公里左右，距離不算遠，於是我省點力氣，不用趕也不用急，繼續保持著輕鬆的心情。

但要往那走，除了要翻過黑山外，還要騎上州際公路(I-90)，路況並不算差。由於南達卡達州幅員遼闊，在這個州裡，單車是可以騎上高速公路的，但也因為如此，周圍的貨車從身邊開過去時，我還滿緊張的。

Spearfish，這個小鎮用旗魚的名字來命名，主要是這鎮上在白人來到之前，是印地安人居住的，而鎮上有一座溫泉，在冬天河流結冰時，只有它能讓印地安人補魚過冬，所以這個鎮就以補捉的魚名為主了。

當我離 Spearfish 不到十公里時，我的前輪居然爆胎了！

往後的日子裡，只要當我騎上州際公路，爆胎變成我的夢魘，I-90、I-40 都爆過胎，所以最後每當我要抉擇走哪條路時，我都會努力的躲開騎上高速公路這件事。

我把車停在路邊的草叢邊，離大馬路遠遠的，當下我一直找不到漏氣的地方在哪，檢查完沒有內傷後我就換上新的內胎，結果，不到一百公尺，我前輪再次爆胎了，我生氣的再找一個草叢，把行李再次卸下，我坐了下來，仔細檢查到底是哪裡有問題，因為連續發生了兩次，如果不找到原因，那麼第三次、第四次，還是會再次的發生。

這次發現我的輪胎已經插入了一塊尖石，防刺胎就這樣被刺穿了，但如果我第一次就仔細的去檢查，或許就能避開第二次爆胎。換上我最後一個內胎，看樣子我接下來又要跑一趟腳踏車店補貨了。

儘管雨已經停了，但這兩次爆胎已經讓我原本的好心情都沒了，也花掉我許多時間，這是我騎了這麼久，第一次遇上連續爆胎，不免對於自己的判斷力感到有點失望。是我氣打不夠？外胎沒有裝好？還是內胎有夾到框嗎？一時有好多問題都浮現在我腦中。

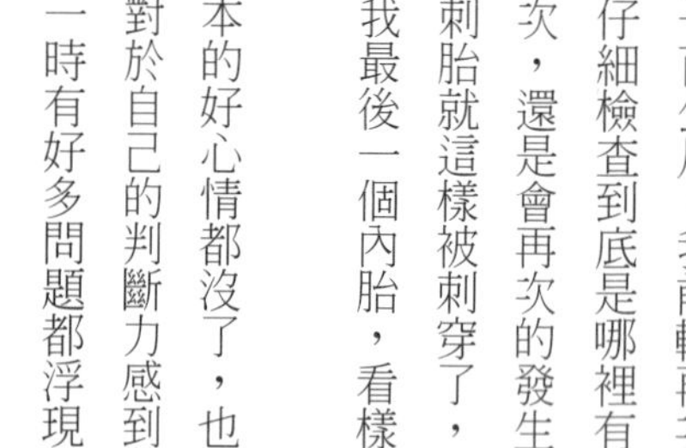

在 I-90 連續爆胎

此時熱水澡主人主動打了電話給我，問需不需要來接我？因為騎在高速公路上是件很危險的事，而且我還連續爆胎，他很擔心我的安全，於是我們約在交流道見面。他聽完我訴說著這一連串倒楣事後，指著我的車說「你的輪胎好像又爆胎了」（第三次），看樣子我的外胎已經不堪使用了，但這條胎才騎了一千多公里……

我上了車，他告訴我他遠遠看見我騎在高速公路上，替我捏了一把冷汗。

安迪（Andy），是附近大學的物理教授，主要是以物理教育為主，引發人們對自然界的物理現象產生興趣，這是他努力在做的事情。化學系畢業的我，開始跟他聊了物理和化學的東西，聊得很開心。

我的印象裡，學物理的人真的很厲害，他們的思想總是跟一般人不太一樣，常會跳脫出一些意想不到的事情，做事看似不修邊幅，但卻又很有條理。

他在他們家後面的河水設計一個導流，讓水可以流進他們的花園，還用了分支讓每個角落都能受到灌溉；最特別的是他故意製造了一個高低落差的水道，當河水流過時，整個花園都能聽見瀑布的聲音。

那晚她的太太，為我們煮了一大盤好吃的義大利麵，在遭遇一連串的挫敗之後，能享受到這些美食，就如同上帝給的恩典一樣。

晚餐時，他問我：「為什麼你不繼續攻讀博士呢？」

我有點灰心的告訴他：「當初為了生活，只好放棄升學，先出社會工作。儘管我還是有意願回去念書，但脫離太久，已經太遲了。」

我從他的眼神中，看得出他正在思考怎樣表達他的意念，幾秒後他告訴我：「我也跟你一樣，在你這年齡時不願意讀書，先出社會工作一陣子，但我發現做那些工作，並不是我要的生活，我所做的跟我所學的東西南轅北轍。我感到很無助也疑惑：我還要繼續花多久時間去做我不願意、和不知道為什麼而做的事？所以我選擇返回學校，因為當時我只有大學文憑，那樣無法完成我想要做的事情，於是我選擇再多花點時間去念物理教育，只因為我想回學校，想回去教育學生，那才是我要的。當我完成學業，回到這裡的學校任教，已經快五十歲了，所以，當你想要做一件事，永遠都不遲。」

我有點慚愧，有點沮喪，但他確實給我上了一課。如同宇宙萬物間，沒有一定的結論，端看自己怎樣選擇了，而在覺醒的那一刻，永遠都不嫌晚。晚上他坐在地板上敲著電腦，他的太太，坐在沙發上編織圍巾，房裡傳來鄉村歌曲，屋內淡淡的光線，還有外頭的流水聲，這裡的生活，意外地悠閒自在，簡單卻又令人感到幸福。

「這就是安迪所要的吧。」我微笑地看著他，然後這樣想著。

早上太陽曬進我的床，安迪約我到附近的市區公園參加他們的農夫市集，並陪我去一趟腳踏車店把內胎補完，然後把外胎也多備幾條在身上。

這裡的市集不像之前大都市舉辦的那樣盛大，畢竟這只是一個小小鎮，只有幾個攤位而已，他的太太也在裡面賣著他們自己做的麵包和種的菜。會來這裡賣東西和買東西的都是附近的鄰居，大家見面就聊起最近的生活，好不歡樂啊！

安迪買了墨西哥料理（Tamales）給我吃，雖然我不知道裡頭到底藏了什麼料，但它好像我們的肉粽，外層用葉子包住，裡頭有類似米和肉的東西。端午節才剛過，人在外地的我沒有吃到端午節的粽子，這口吃下去就浮起了思鄉之情。

下午兩點了，我和安迪一直擔心的午後大雨，還好出了個大太陽。於是我打包好行李，和安迪討論完路線後，依依不捨地和他們擁抱，準備出發。

安迪陪我騎了一小段路，帶我到前往惡魔塔 (Devils tower) 的公路，也避開了 I-90 這條爆胎公路。

這一路上天氣陰陰的，很舒服，下陂時還有些涼意，但安迪提醒我，接下來幾天會越來越熱，太陽也會越來越大。

安迪告訴我今年氣候反常，以前這季節草是黃色的，而且很乾燥，但這陣子卻常常下雨，花草也都提前開花發芽了，他希望天氣能趕快回到正常的狀態。

我的計畫是先往北走85號公路，然後看到34號公路後左轉往西，直奔惡魔塔。

原本好的天氣，也在我上路後開始起了變化，這時的我還不知道，我將遭遇最大的苦難。（參見 p.146〈救命小鎮阿拉丁〉）

Spreadfish 小鎮裡的農夫市集

天使道路上的基督徒家庭

我沒有排斥祂
反而是依照祂指引我的方向前進
我在過程中
漸漸感受到親人的靈魂
和找到人生的意義

在美國借宿這麼多的家庭裡，最常遇到的就是基督徒，他們帶給我很多不同的想法。

在準備離開芝加哥的那一天，我巴著大衛，硬是要他帶著我一起去教堂作禮拜。我很想去體會一下美國本土的宗教活動，他也二話不說的答應我。

我們一路聊天散步到教會，在我腦海裡，總以為這種週末的禮拜活動會在一個金碧輝煌，令人驚豔的教堂裡舉行。但今天這個教會是在社區內某個人的住家，主人把自己的家整理得就如同教堂一樣，一進門，我們就受到基督教友熱烈的招呼，並指引我們往樓上走。他們空出來一整層樓，擺滿桌椅，還在前面設置了一個活動舞台和投影布幕。不過，當下最引起我注意的，卻是桌上擺放的食物，畢竟下午就要出發離開芝加哥，若是可以填飽肚子，就能省一點錢，也不用花腦筋去找吃東西的地方了。

大衛先帶我認識幾位教友，有亞洲人也有中東來的朋友，就像一個小型的聯合國，大家在歡樂的氣氛下，分享彼此的生活點滴。我聽著大衛上台念禱告詞，和眾人一起詠唱聖歌，一起分享福音，我感受到這是非常道地的基督徒聚會，這也成為我這輩子第一次融入基督教信仰的經驗。

在騎車的過程中，我也常常會作勢舉起食指，上下左右的指點我的額頭和雙肩，然後親吻手指頭後指向天空，祈求老天爺的保佑，雖然我不是一個很虔誠的宗教信仰者，但對於各宗教的教義和宗旨，我都相當尊重並謙虛地去學習，畢竟信仰的目的，就是帶給人們慰藉和心靈的寄託。對我而言，佛教和基督教最大的不同，我想可能是對於生死，佛教持比較嚴謹的態度，而基督教因為有永生觀，所以比較樂天吧！

整體來看，我所遇過的基督教朋友，生活多半樂觀而開朗，對事情比較看得開，而佛教朋友比較拘謹，並謙卑的對萬物表達尊敬，各有各的優缺點，但都是以善為出發點。

在熱水澡網站（WarmShowers.org），我住過很多家庭。第一個熱水澡的主人，就是一位退休的警官艾倫（Allen）。退休後的他，專心從事牧師的工作，重心放在社區的青少年上面，他將自己的地下室放了一張大長桌，每個禮拜都會邀社區的小朋友來這，並提供美食和歡樂的節目，「好偉大的情操」是我第一次對基督徒有的感受。

第二次，我到了猶他州，在情急之下找到了住的地方，雖然收留我的人因為工作關係搬到別的地方居住，但他還是通知他的父母親幫忙招待我。我一到他們家，桌上是擺滿豐富的餐點，剛煮好的義大利麵、熱騰騰的麵包、擺盤漂亮的水果，她媽媽說這些全部是我的，叫我好好享受。我看著他們家冰箱上貼的紙條和照片，才知道他們家也是很虔誠的基督徒，有一張紙條這樣寫著「Love your neighbor as yourself」（愛人如己），我越來越能感受到基督徒多麼看重分享和照顧別人。

最後一次，是我騎到杭亭頓海灘（Huntington Beach），從大西洋騎到太平洋的那一刻，我欣喜若狂，發瘋似的在沙灘旁傻笑，有一對夫妻朝我這方向過來，看著我拖著這麼龐大的腳踏車，不免有些好奇的詢問我哪來、要去哪，當他們知道這是我最後的目的地後，他們不免大吃一驚，並強烈邀約我今晚到他們家作客，而且是一定要去，被他們熱情的邀請，我決定在這裡多待一天，也可以把下午多的時間拿來在海邊走走散散步。

晚上，我們享受了豐盛的大餐，也準備了很多墨西哥料理，還有一人一大塊的牛排，這一餐可真是餵飽了我。在開飯前，我參與了他們家裡的飯前禱告，除了感謝老天爺平安把我送到這，也感謝今天能一起共度這一餐，我偷偷睜開眼看著他們全家，都低著頭閉著眼，認真、專心的禱告。這一晚，這位爸爸拿出地圖和紙筆，開始對我的旅程充滿了高度的興趣，開始寫筆記，並告訴我這麼偉大的行動，一定是經過非常痛苦的事情才會產生的，他覺得這是一件非常正面的故事，他一定要分享給他的朋友，接著一通電話、一通電話的打來，他也一通又一通的訴說這整個故事，我想，我們能在海灘碰巧遇到，也是一個機遇，要讓我感受這份熱情還有抵達太平洋的喜悅吧！

當然不只是基督徒家庭會這麼熱情的招待我，我想美國人基本上是熱情、大方的，對於有意義的事物特別地感興趣，而且對肯願意犧牲自己去完成夢想的人，也會肯定這是相當偉大的一件事。

我不知不覺中，感受到這份熱情和老天爺的存在，我沒有排斥祂，反而是依照祂指引我的方向前進，我在過程中也漸漸感受到親人的靈魂，和找到人生的意義。

沿途受人恩惠這麼多，回來台灣後，我和爸爸討論，也開始把空出來的房間讓出來，提供給需要的人居住，那些過去曾經照顧過我的人，一定也希望我們用同樣的熱情去款待他人，我也要將這份感恩的心，回饋給那些跟我一樣有需要的人。

耶穌像．鹽湖城聖殿

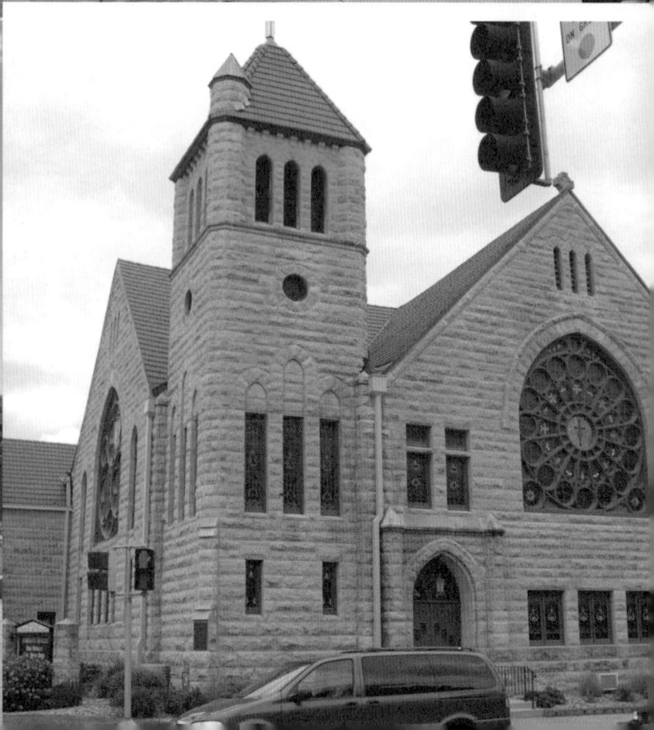

IN THE

感動

友善是世界上最神奇的力量

困難不會教人有眼淚，友善才會

天使降落的地方

我心中的天使也降落了
跟我站在一起

在這四個月的旅途中，我總共去了七個國家公園，每一個都讓我驚豔，被大自然的美景給震撼住，也嚇壞了我這個沒見過世面的小毛頭。

在畢林斯 (Billings) 時，伍迪和 MJ 告訴我一定要去的三個國家公園：布萊斯峽谷 (Bryce)、錫安峽谷 (Zion)、大峽谷 (Grand Canyon)。

「你看到後一定會呆住。」伍迪笑著跟我說。

於是在往南的路線中，就特地去了這三個景點。其中最讓我難忘，最具意義的一個地方，就屬錫安國家公園了 (Zion National Park)。

在錫安國家公園除了認識了一起單車旅行的夏威夷老爸提姆，還有非常貼近高聳峭壁的騎乘經驗，我感覺這一段路讓我體會到最多旅行的意義。

「大峽谷是在高處遠眺，錫安是在谷底享受。」這句話說得真好！當站在群山之間，自然會感受到自己的渺小和無助，也會突然在大自然的面前感到謙卑，感到人類根本微不足道，只是地球蛻變歷史中的過客而已。我因為去過錫安一趟之後，才真正懂得去欣賞大自然的美麗，還有群山之間所謂的山稜線。

傑克(Jack)，是我在熊牙公園的營區認識的單車車友，我在鹽湖城時借宿了他家一晚，他告訴我到錫安國家公園時，一定要去裡面最有名的 Angle's Landing Trail，「如果你敢爬上去的話。」傑克笑著說。

我把這步道稱作「天使降落的地方」，這段步道總長四公里，標高可以到四百五十公尺高，是岩壁為主的步道，所以步道後半的高潮，是必須靠手腳並用才能爬到最高處，眺望整個錫安國家公園的壯麗景象。

「Safety is your responsibility.」（安全是你的責任），園區巴士和布告欄常常可以聽見或看見這一句話。

海灘邊架起了警告標示，卻還是有遊客硬要闖進去；土石坍方，還是有人硬要往山裡頭走；水深危險，卻還是有人硬要跳進水裡；剝樹皮會破壞水分傳導，卻還是有人手癢破壞。最後出了事，才把所有責任推給這個社會，怪政府怠慢、怪搜救人員不積極。於是我們的觀光景點，改成了用欄杆限制遊客、用法律規定去阻止人為破壞，這就是台灣……。

回到攻頂口，我望著山脊上攻頂成功的人群，一字排開就像螞蟻一樣……。面對底下的萬丈深淵，老實說我真的嚇到腿都軟了。

旁邊已經有很多人放棄攻上去，坐在平緩的區域休息；深深吸了一口氣，「我一定要活著回來！」我內心在吶喊著，把登山杖收好，相機確認有用繩子綁緊，背起背包，我就開始攻頂了。

步步為營，在身旁不到十公分的距離，是萬丈深淵，一年之中，在這條步道上失足跌

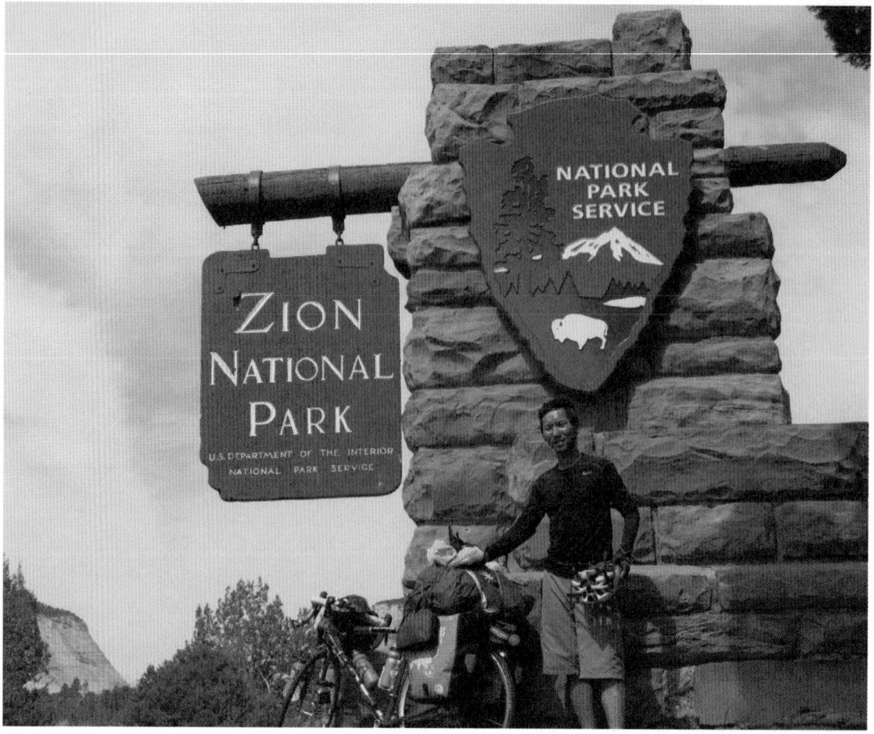

最喜歡的錫安國家公園入口

落的人，平均有十個人左右，我可不希望自己成為其中一個。所以我戒慎恐懼地移動我每個腳步，而且我每往上爬一小段路後，就會停下來，讓自己適應當時的高度和恐懼。這招挺有效的，慢慢地我爬到最後山頂處。

攻頂後，那裡早就已經坐滿了人群，不知道他們是幾點就到的，我是搭早上六點的園區巴士，以為我算是早出發的人了，想不到還有更早的一群人已經坐這地方了，或許這裡的日出很吸引人吧？

熊牙公路帶領我體會一種「靠近天堂」的感覺，我的心境一直在轉變，我幾乎認為這是個天使會降落的地方。後來的我，我會常常停下腳步環顧四周的一切，

登頂囉

我不願意急著走完全程，因為那樣會使我錯過身邊經過的美好事物。

我坐了下來，吃著隨身帶上來的餅乾，靜靜的看著眼前的風景；此時此刻，我心中的天使也降落了，跟我站在一起。我心想：姊姊和媽媽一定在旁邊陪著我，讓我感覺一下，我們手牽著手，靜靜地享受這一切……。

正所謂「上山容易，下山難」，面對一失足就會跌落谷底的石頭路，除了手腳要靈活並用外，用爬的也要很小心的爬下去，最重要的是要不斷說服自己「這一點都不恐怖！這一點都不恐怖！」

回到了平緩可休息的地方後，我告訴自己：「我回來了，活著真好！」

印地安小天使

突然間
我覺得自己好過分
失去了我該有的單純

天真無邪的印地安小朋友

在南達卡州，有一晚，我選擇了在印地安人保護區的小鎮——Wanblee 過夜。進入小鎮時，我先到附近的商店買了今晚的晚餐，披薩和餅乾。這個鎮上只有一座公園，而且今天是個很晴朗的好天氣，應該會有一個舒服的夜晚。我坐在涼亭吃著熱呼呼的披薩，雖然不是很好吃，但還夠滿足我挨餓的肚子。這時有五個小朋友朝我這邊跑了過來。

「你是誰？你叫什麼名字？你是在旅行嗎？這是你的腳踏車嗎？你要在這過夜嗎？」

一連串的問題，讓我像被採訪一樣。

「好，你先說……好換你……換你。」

他們的年齡大約從國小到國中都有，當我問他們有沒有上學時，他們都露出一臉很沮喪的表情。其實在這麼偏遠又落後的小鎮，要跑好遠的地方才能有一所學校能提供他們念書，求學成了相當辛苦的一件事。

「你身上帶了多少錢？你今晚要在這邊露營嗎？我們可以吃你的披薩嗎？」他們繼續問著。

我被這個問題嚇到，「難不成你們是想來偷我的東西？」我心想。

但我還是把手上僅有的四片披薩和一包餅乾分給他們一起吃，他們吃得好開心，也開始拿起餅乾玩著「你丟我吃」的遊戲，但我就是不明確告訴他們我身上帶多少現金。

他們開始把焦點放在我的腳踏車上，「我可以跟你借腳踏車騎嗎？」

雖然已經開始有了防備之心，但面對這要求，我還是勉強答應借給他們輪流騎，但我心裡真的很擔心他們偷了我的腳踏車，如果真的偷走了，那我要怎麼到下個鎮？尤其是在這種鳥不拉屎，雞不生蛋的大草原。

我繃緊神經，視線離不開騎著腳踏車的他們，只要一個轉彎，就馬上跟上去，但他們越騎越快，越騎越遠，最後他們和我的車子消失在巷子盡頭的轉彎處。

「完蛋了，好事怎麼拜託都不會靈，壞事只要一想就馬上兌現？」我心裡咒罵著。

我開始慌了，那群小朋友的嘻鬧聲也從巷子消失了，只剩我一個人坐在公園的涼亭裡瞪大著眼。看著我那三大袋行李，還有搭好的帳篷，這些東西我要怎麼用雙手拖著走啊？報警的話警察會理我嗎？還是要在小鎮搜尋一番？住這裡的人應該不多，應該很好找吧？

正當我不知道該怎麼辦時，嘻鬧聲再度從巷子的另一端出現，我的腳踏車也出現了。

「哇！你的腳踏車超酷的！好棒啊！」他們超興奮又大聲的叫著，我心中那顆石頭暫時放了下來。

「可以跟你借腳踏車騎去附近玩嗎？」他們說著。

「不行喔，我等會要騎著車去附近的商店買東西吃！」我用謊言拒絕了他們，因為我很擔心萬一腳踏車真的不見了怎麼辦？

沒有騎到腳踏車的小朋友很沮喪的看著我，那眼神一直在我腦海中揮之不去，我知道他們很難過，而且我能感受到他們也知道我在說謊騙他們。（因為商店在此時已經休息了）

之後我趕快把腳踏車鎖在帳篷旁的柱子，等他們離去後，我獨自躲進帳篷裡並充滿防備的把所有行李都藏進帳篷。聽著遠方籃球場傳來快樂的玩耍聲，還有運球的聲音，其實我也好想跟他們去學校玩，但我放不下身邊的行囊。

隔天一早，陽光灑進帳篷裡，我想起昨天那群天真可愛的印地安小朋友，我好希望他們早上還會跑過來跟我玩，跟我說說話，但周圍是如此的寧靜，我說不出話，眉頭一皺，臉崩了下來。

「我怎麼會像個刺蝟一樣這麼防備自己，傷了他們？」我心裡想著。

他們只是一群沒有見過大城市的小孩，沒見過不同國家的人，他們很關心我的旅途，很想聽我分享旅途中有趣的故事，對我充滿了好奇心，只是想要嘗試騎腳踏車的感覺，但是我卻自己築起了一道牆，去防堵這一群天真無邪的小孩，甚至傷了他們的心，突然間，我覺得自己好過分，失去了我該有的單純。

我整理好行囊，帶著一點憂傷離開這座小鎮，我刻意在路上緩慢的騎，希望能再次聽見他們的嘻笑聲，但這座小鎮似乎在用無聲的抗議，看著我的離開。

冥冥中的安排

這趟旅程
你要幫媽媽和姊姊走完
你就是我們的夢想

在芝加哥待了四天後，開始從芝加哥出發往西，原本是往西北走，因為我在熱水澡網站找到了可以投宿的地方，於是偏離了原先預訂的路線，自助旅程就是有這樣的好處，想去哪就去哪，累了就停，餓了就吃。

在路上，我收到一了封訊息：「我是你姊的朋友蘿拉（Laura），我們住在狄蒙（Des Moines），如果你會經過，看你要不要來住？」

狄蒙剛好是我選往西會經過的地方，於是我把下一站休息的地方放在那裡。

誰說美國中部的路都是平坦的？這些丘陵地形，讓我回想到當初要跨越阿帕契山脈時的那種痛苦……只是旅行一旦找到意義和目標，就算再累也撐得下去。

從離開芝加哥到狄蒙，我花了一個多禮拜的時間。抵達這座城市時，天色已經開始變得昏暗。

雖然大都市都設有完善的單車道，我原先自認為能靠這單車系統抵達蘿拉的住處，但

Laura 和小王子 Evan

沒想到那裡的單車系統有點複雜，再加上前陣子大雨造成部分車道淹水，天色越來越暗，直到看不到前方道路時，我迷路了，這下不知道要多久才會到目的地了。

當我停下車，拿起手機準備求救時，有一群單車車友騎過來，我上前詢問該怎麼走，其中一人告訴我：「跟著我騎就好了，我帶你去。」

很美的城市

單車俱樂部喝酒

救了我一命的車友們

就像黑暗中的明燈，他的車尾燈照亮我該走的路，讓我心中的不安找到了點歸宿。

他騎到一半告訴我，「我等會兒開車載你過去吧，在那之前，我們一起去吃個飯吧！」

我們騎到了一間單車俱樂部，我跟他一起進去，準備吃點東西。在裡面，他跟幾個朋友寒暄幾句，也介紹了當地的台灣人給我認識，我們就在俱樂部裡聊了好一段時間。

他笑著告訴他朋友：「遇到騎腳踏車的台灣人，一生會有幾次？」

最後他幫我把腳踏車放上他的車子，就開著車載我去找蘿拉了。

想不到這一路還真遠，開了二十多分鐘才到，如果換成我在黑夜中騎車，還真不知道會花多久時間才會到，而且狄蒙的路況還是那種爬上爬下的大斜坡。

一見到蘿拉後，我好開心，終於又再次遇見台灣的同胞，那種在他鄉遇到同鄉的喜悅總是非常的強烈。

蘿拉正擔心我這麼晚會找不到路，還準備好要開車出來找我。

蘿拉和我姊姊是念五專時的好姊妹，我姊姊高大的身材，加上蘿拉叛逆的風格，讓她們倆一度成了大家眼中的壞學生、大姐頭。如今她已經是一個孩子的母親了，很懂得怎麼給小孩健全和美滿的家庭，對小孩的教育也是非常的充分。她告訴我愛荷華州是全美最適合小孩子成長的地方，所以她打算讓她的小孩在此就學、成長。

我在這待了五天，蘿拉的老公自己經營中國餐館，我很有口福的在這吃了好幾天「免費」的自助餐。

和蘿拉聊天才知道，其實在蘿拉上次回台灣時，原本和姊姊約好要一起見面吃飯，就在約定的那一週，發生了意外車禍的悲劇，當時在台灣的她，覺得震驚又難過。

我回想起與蘿拉的第一次見面，就是在姊姊的靈堂上，那時我只注意到她默默的在一旁折蓮花、紙鶴。

蘿拉提到過去和姊姊相處的點滴，我發現她和姊姊的個性好像，講話的口氣、喜歡的東西、討厭的東西、人生的價值觀……甚至在聊天的過程中，某些時刻我會錯覺是姊姊坐在我對面和我對話。

「當我和你聊天時，就感覺好像在和姊姊聊天。」我說。

蘿拉養了隻貓也叫作「咪咪」，跟姊姊養的貓同名，是巧合嗎？

是不是姊姊安排我要走這趟旅程，讓我來幫她赴約，完成當初沒有見到的那一面？從一開始改選往西的路，使我躲過了造成美中淹大水的災情、迷路時遇到車友的幫忙……，這一連串的巧合，就像是有天使在幫助著我，並指引著我該往哪條路前進，從遇到的人身上獲得好多感動。

我感覺到已經不在的媽媽和姊姊，原來離我好近，就像在我身後陪著我，一路上關心著我的旅程。

離開蘿拉一家人後，我的目標更明確了，也越來越清楚我為什麼要選擇出走，我終於了解到這趟旅程的意義是什麼，我離開後沒有落下眼淚，因為我的內心變得更堅定。

「這趟旅程，你要幫媽媽和姊姊走完，你就是我們的夢想。」蘿拉告訴我。

救命小鎮阿拉丁

冰雹停了
但大雨持續地落下
臉上的雨水
掩飾了我落下的淚水

在美國中部遼闊的平原上，天氣變化總是出乎意料的快速，前一秒是晴天，下一秒可能就是暴風雨了，讓你連閃躲的時間都來不及準備。也因為幅員遼闊，在旅行的過程中，必須放眼觀察前方的天象，如果是又黑又厚重的烏雲，那就趕快先找個地方躲起來，可能一整天的行程就必須停止。

有一次，我從南達卡達州的小鎮 Spearfish 往西邊出發，已經休息兩天的我，不想再留在原地休息了，於是騎上腳踏車再度上路。當我轉入34號公路，前方的天空已經烏雲密布了，我故作聰明的預估風向，以為這烏雲是在我的前面，我跟在它們後面應該不會遇到下雨。

但我錯了！往前不到十公里，那片烏雲已經快速飄移到我的頭上了，當下的風速如同颱風一樣，我已經控制不了腳踏車的方向，於是趕快在路邊停了下來。不一會兒，大雨也瞬間降下，我先找到一條鄉間小道，躲在幾棵大樹底下，但怎麼被雨打得這麼痛？我仔細一看，哇塞！跟小石子一樣大的冰雹正往我身上猛烈攻擊，我的雨衣也被樹枝勾破，鞋子也躲不過被淹沒的命運，沒有遮蔽物的我只能任由冰雹攻擊著，腳踏車也倒在泥濘中。我開始感到又濕又冷，但老天爺似乎沒有要讓這場暴風雨停止的跡象。

「完蛋了，這下我一定會重感冒，怎麼辦？怎麼辦呢？」

躲在樹下二十分鐘，小山丘不停的沖下泥水，這個躲藏位置越來越糟了，我幾乎快要失去這個讓我有點遮蔽的地方。

「再這樣下去不行，我一定要找到一個能躲雨的地方才行。」

溫暖的救命小貨車

辛苦你了，我的單車

於是我重回到公路上，嘗試著要往前騎，但冰雹和強風讓我寸步難行，我只能停下腳步，繼續任由冰雹攻擊。

這時候，有一輛小貨車從遠方開過來，然後停在我前方，亮起黃色的警示燈，「你要不要先進車子裡躲一躲？」

我二話不說，點了個頭，馬上把腳踏車靠在小貨車上，然後躲了進去。

「謝謝，謝謝你們。」我帶著因失溫而顫抖的聲音答謝他們。

車上是一個印地安裔的家庭，父親是印地安人，母親是美國人，開車的是他們的兒子，他們在山下開了一間餐廳，今天他們準備了很多食物，要送到山區裡頭的偏僻村落，分享這卡車滿滿的食物。

我們在車子裡頭聊天，失溫的我在後座忙著雙手磨擦取暖，但這場雨還是一樣，沒有停止的跡象。

「你要往回走，還是要往前到下一個小鎮？前面有旅館可以休息。」

他們也認為這場雨暫時不會停，待在原地不會有任何幫助，於是建議我到前方大約二十公里的小鎮。

說也神奇，那小鎮叫作阿拉丁（Aladdin），人口數只有十五人，裡頭卻有一家餐廳和一家旅館，這真的是一個很神奇又救命的小鎮。

「你從南達卡達州跨進了懷俄明州了喔！」他們告訴我。

我強忍著顫抖的身體說：「太棒了，但這次不是騎腳踏車，是在車子裡。」他們也都笑了出來。

停好車後，我忙著把腳踏車從貨車上卸下，然後他們的兒子從旅館的櫃檯接待處走了出來。我聽見父親說：

「今晚的房間我們幫你買單了，你要旅途平安，還有趕快把身體弄乾吧！」

冰雹停了，但大雨持續地落下，我已分不清楚臉上是雨水還是淚水。我不斷的跟他說謝謝，但在我轉身拿起行李的同時，他們已經開著車離開了這小鎮，繼續完成他們的任務，還來不及跟他們說再見。

躲進溫暖的房間，沖著溫暖的熱水澡，我又再度落下了眼淚。

「原來生命這麼脆弱，面對大自然，我們根本沒有招架的餘力。」

如果沒有決心離開大樹下，就遇不到這麼善良的印地安家庭。

如果沒有這麼善良的印地安家庭，就不會躲過這場恐怖的暴風雨。

如果沒有這座神奇的小鎮，可能就躲不過重感冒這件事了。

休息了一晚，幸好昨天的大雨沒有讓我感冒。早晨的大太陽令人難以想像昨天有場很恐怖的暴風雨，到了隔壁的餐廳用餐，餐廳主人對著我說：「你很幸運，你遇到好人喔！」

連隔壁桌的老奶奶都對著我釋出溫暖的微笑，當老奶奶離開時，老闆在櫃檯跟我說：

上　默默幫助我的印地安家庭
下　阿拉丁鎮裡的餐廳

「你真的很幸運，老奶奶說要幫你付今天的早餐喔！」

雖然我很大聲的跟老奶奶說不用，但她堅持，並又告訴了我：「旅途要保持平安！」

「謝謝！」我只好很大聲的喊著。

這座小鎮，真的「名副其實」，充滿神奇的力量，不但救了我的小命，更讓我體會到人情的溫暖，還有不計代價的付出和保護，我真的很幸運！

回到台灣，雖然我沒有印地安家庭的聯絡方式，但我寄了張明信片，並付上一張當時的合照給那家旅館，感謝這段旅程，以及讓我感動的神奇小鎮。

野性的懷俄明州

快樂

你不一定要是個有錢人

一樣可以到這些度假勝地

黑山見總統

我也想跟著電影劇情裡一樣
去探索國家歷史背後的那塊藏寶圖

自從見過惡地國家公園的壯麗後，我提起勁開始在地圖上尋找更多值得一去的景點，只要有機會經過歷史古蹟，我就要提醒自己去瞧一瞧。

來到拉皮德城（Rapid city），這個號稱全美十大快樂的城市之一，一定要體會一下這城市帶來的歡樂，順便讓我長達一週的勇士之旅可以畫上一小段句點。

拉皮德市的西邊緊依著黑山（Black Hill），東邊靠近惡地（Bad Lands），所以這裡就成為了旅遊的觀光景點。這座山一口氣涵蓋了兩個紀念區（總統山和瘋馬紀念碑）還有一個國家公園（風洞國家公園），聽說這座山裡頭的單車路線更是讓人驚豔，有些人花一整個月的時間都還玩不盡黑山。

黑山，主要是當初美國人在往西發展時，看見這整片山上都是松樹，和一旁翠綠草原比起來，的確是暗淡了很多，加上有時看見整座黑山被濃霧籠罩著，充滿神祕黑暗的感覺，於是就取名叫作「Black Hill」。

我在旅途中聽過一位印地安人，跟我講不同版本的故事：當年美國人在挖掘黑山的黃金寶石，用了大量的印地安人作為奴隸，並將這座原本是屬於印地安人的居住地給奪走，

上　總統山
下　整座城市都活在音樂中，拉皮德市

右　南達卡州的著名景點

於是興起大規模的戰爭和屠殺。看著家園被開墾，自己卻只能退到周邊的小鎮，可能當地的印地安人內心還隱藏一份歷史傷痛吧！

在知名電影《國家寶藏》裡，緊湊的劇情、探險意味十足的故事，讓許多人對美國歷史和寶藏畫上等號，於是我也想跟著電影劇情，去探索國家歷史背後的那塊藏寶圖。

總統山（Mont. Rushmore），刻畫美國歷代具有代表性的總統。從左手邊開始數過來，分別是華盛頓，傑佛遜，老羅斯福和林肯，橫跨了將近一百五十年左右的美國歷史。

華盛頓是美國開國總統，如同我們的國父，傑佛遜則是開拓了美國往西的版圖，前一週所騎上的「勇士之路」，就是傑佛遜總統命令路易斯和克拉克（Lewis & Clark）所探險的路線。老羅斯福則是第一個獲得諾貝爾和平獎的總統。林肯最有名的就是解放黑奴。

在熱水澡主人弗雷德（Fred）家休息一晚後，隔天用完早餐，就開始往目的地衝了。到了總統山，這裡的遊客很多，來自各個國家的人都會到這裡走一走。騎腳踏車有個好處，就是不用擔心停車位和停車費，所以今天這趟觀光之旅我沒有花到一毛錢，而且在上山的路上，我還在路邊意外的撿到了四元美金，這是我撿過最多錢的一次！平常在路上撿的每一分錢，慢慢的存起來，就成了我給小費的基金。

雖然一路騎這山路真是要了我的命，但當下能見到總統山，也算非常值得了。我花了整個下午在遊客中心，聽簡介並欣賞影片，了解黑山的美，還有總統石牆建造的故事。

早上出門前弗雷德告訴我，今天在鎮上有音樂會，提醒我要在傍晚五點左右回到家，然後我們一起去走走。在拉皮德市裡，每週四下午一直到半夜，這小鎮會特地封街舉辦演唱會，而這些樂團都是鎮上自己產出的。這些樂團要在鎮上修過類似音樂演唱的課程，然後通過考試後，才能有機會上台，這對於擁有音樂演出夢想的人是一種鼓勵，並給予學習和表演的機會。

我很幸運的趕上鎮上的音樂饗宴，每個人開心地彼此寒暄，還有人忘情地跳舞、大聲唱歌，不畏其他人的眼光。我看著有些人手中的啤酒，似乎那是此刻他們人生最大享受。直到我半夜要睡前，都還能從窗外聽見廣場熱鬧的歌唱聲，這活動讓鎮上變得瘋狂和熱鬧。

在拉皮德市待了兩天，這座城市離我要去的熊牙公路算是靠近，熊牙公路雖然只是一小段路，但這整條 212 號公路，卻是相當的長，也離拉皮德市不到一百公里的距離，當我離 212 號公路越來越近，我的心裡越是喜悅，因為這條公路是我出發前就很想去的地方，也是我旅程中最高點，不但是挑戰，更是我自認可以幫助我去認識自己的道路之一。

朝聖之旅

樂活在傑克遜

因為幾次的意外
她失去過許多好朋友
但她還是努力的往前走
走出失去朋友的傷痛

從黃石公園離開之後，很快我就從懷俄明州進入了猶他州。當海拔高度漸漸下降，騎行的緯度越來越低，天氣也越來越接近夏天，征服了高山的挑戰，接下來往南邊走，要準備新的挑戰——炎熱。

自從騎上熊牙公路之後，我已經一個禮拜沒有進入熱鬧的城市，好好的休息一番。待在黃石公園和大蒂頓兩個國家公園的一個多禮拜，實在很感動，特別是大自然的美，還有帶給我許多驚喜的人們。

傑克遜（Jackson），是大蒂頓山旁的觀光城市，坐落的地理位置極佳，而且一年四季氣候宜人，很多人會特別來這邊度假，聽說有錢人和住在傑克遜的人是可以畫上等號的，可見這地方是多麼吸引有錢人來此享受生活。

往北可以到黃石，往南可以去猶他，長年從高山冰雪融下來的水，讓附近的河流成為適合泛舟的好地方，當我騎在河流旁，儘管河流上的人像螞蟻一樣渺小，但驚險的尖叫聲沒有間斷、不停在我耳邊出現，想必來這泛舟一定是非常刺激吧！

在美國騎單車的四個月，我總共遇過了三次冰雹的襲擊，這三次都殺得我措手不及，而且來得突然、來得快速。第一次是在南達卡達州的草原上，那次的結果讓我嚇壞了，我才了解自己的力量跟大自然比起來，是如此的薄弱。第二次就是我離開大蒂頓國家公園後繼續往南，在前往傑克遜的路上。（第三次是我在大峽谷健行時遇到）

大蒂頓到傑克遜的路上，有規畫非常完善的鐵馬道，可以和馬路併行，又能和汽車分道，沿路的風景美不勝收。

事發當時我騎著車，天空開始下起了雨，一陣一陣的，我穿上防風外套，想靠著這件單薄外套直達傑克遜。但當我越接近傑克遜，雨就越來越大，然後突然下起冰雹，雖然這次的規模相對其他兩次算是小很多了。

進入傑克遜的我，陷入了一個麻煩，就是當初答應收留我一晚的熱水澡主人外出出遊了，我心想：「為什麼不早點告訴我！」

頓時，我成了一個無家可歸的小孩，原本期待溫暖的熱水澡，現在只剩下又溼又冷的天氣。

很快地我全身濕透了，這場雨讓我開始發冷，我顫抖著失溫的身體躲進遊客中心，用廁所的烘手機取暖，換上乾的衣服，但還是不敵寒意。

我趕緊在熱水澡網站找下一個宿主，找到附近叫莫莉 (Molly) 的女主人，但我連續播打了三通電話就是沒有人回應。

這裡是旅遊重鎮，雖然到處都是旅館，但我隨機的詢問，一間要一百二十九塊美金，一間要兩百四十塊美金，真的是太昂貴了，有錢人的小鎮就連遊客住的旅館也都如此的昂貴？我再次拿起電話打給莫莉，傑克遜裡只有三個熱水澡主人，一個出遊，一個沒有留聯絡電話，如果莫莉再不接我電話，我就要忍痛刷卡去住昂貴的旅館了，不然我怕會病倒在鎮上。

終於，她接電話了！

我問她可不可以讓我留宿一晚，她二話不說：「好啊！沒有問題，肚子餓不餓？知道

搭纜車上山

路怎麼走嗎？趕快過來吧！」

這就像是黑暗中的一盞明燈，告訴我方向，突然間我感到沒那麼冷了。

到了莫莉家，她和鄰居們在屋裡享受週末的小聚會，每個人準備不同的餐點，然後坐在客廳一起享受，並聊著生活上瑣碎又有意思的事情。洗完熱呼呼的熱水澡後，我回到客廳和他們聊著天。莫莉有著樂天派的性格，她熱愛滑雪和登山，也因為幾次的意外她失去過許多好朋友，但她還是努力的往前走，走出失去朋友的傷痛。她的職業是一名護士，專門照顧手術後病人的護士。我問她：「Are you nervous?」她一臉疑惑的問我為什麼會這樣覺得，原來是我把「護士(nurse)」和「緊張(nervous)」搞錯了啦！

在這最棒的屋子，吃著這一天最棒的餐點。

晚上聊天的時候，我得知在蒂頓山莊（Teton Village）有一個很有名的纜車，那是可以坐到山頂的纜車，他們都說來了就要去看一看，莫莉也很厲害的幫我要到一張早鳥票，而且是免費的！

早鳥票的意思就是要我九點左右就要到那了，但衝著這「免費」的票，我發誓隔天一定要早起！

隔天從莫莉家準備好要出發了，突然……我的前輪無預警的爆胎了！

我猜應該是昨天下雨騎車，輪胎比較容易黏小碎石，這些小碎石刺穿了我的輪胎。

換完了輪胎，一上車，在我切換變速時，突然聽見「啪！」一聲。

我的變速線斷了！

這還是我第一次看過變速線斷掉！我忍耐無法變速的腳踏車，繼續騎著，打算等纜車之旅結束後，再回鎮上維修吧！

蒂頓山莊是一個度假中心，裡頭有很多商店、餐廳、旅館，能住在這山莊的居民，想必是非常非常有錢的吧！

纜車會坐到高度差不多三千一百公尺的山頂，可以一眺整個傑克遜市區。看著周圍高山所圍繞出來的平原，人們居住在這裡，像是一個小小天堂般，和外界的塵世隔離，過著自己寧靜的生活。

當我坐在懸崖邊的大石頭上眺望遠方，突然一個轉身，我發現了一幅感人的畫面。一位媽媽牽著自己的女兒，搭著纜車到山頂，然後拿起了拐杖，背起了小背包，往下山的方向前進，而身邊的這位小女孩，下半身是一對冰冷冷的義肢。她不害怕前方的路和下山的挑戰，開心的牽著母親的手，哼著歌開始邁開腳步往前走。這麼不公平的事降臨在她身上，她可以選擇勇敢去面對，也可以選擇不停的抱怨老天爺，但她選擇了前者。

在傑克遜待了兩天，前一天的大雨並沒有讓我馬上生病，我以為我躲過了，但之後幾天，卻慢慢累積了一場可能會失去生命的病。（參見 p.083〈是感冒還是脫水〉）

眺望傑克遜

苦難前的度假天堂

在炎熱的大太陽底下
泡在游泳池裡喝著烈酒
真的是很享受

進入西部沙漠區之後，每天都要早起，然後整個上午都在和太陽賽跑。

自從離開克羅拉多高原後，海拔慢慢降到海平面高度，氣溫也是熱到不像話，跟之前接近體溫的溫度有很大的落差，所以晚上常常熱到睡不著覺。

前一晚睡的大理石地板，因為西曬的關係，太陽把石頭都烤熱了，一直到隔天早上，還是溫溫的，一點也不誇張。

海拔才從一千五百呎下降到六百呎而已，就已經這麼恐怖了，我懷疑之後會不會更誇張啊？亞歷桑那州的州旗是一個大大的豔陽，光看到州旗就大概猜的到這地方的天氣是如何了。

史蒂夫帶我去玩水

充滿西岸風格的泳池

清晨五點半起來，我一早趁著隔壁店家還沒開門，趕緊收拾帳篷和行李閃人，免得被發現我偷偷睡了一晚。

才剛上路沒多久，就有一位中年男子騎著公路車經過，然後他回過頭來跟我打招呼聊天，四年前他從芝加哥搬到這來，住在隔壁的小鎮。

「這裡和大都市差很多，為什麼你會選擇搬到這裡？」我很好奇的問他。

「因為這是一個很適合騎車的好地方，沒有繁忙的交通，沒有複雜的人群，可以擁有屬於自己的步調，我覺得我過得很開心。」他很高興的對我說。

騎了好幾天的66號公路，即將要跟它告別了，感謝這條公路，介紹了一段美國的歷史給我這個意外訪客。接下來會銜接上的62號公路，位於莫哈維沙漠(Mojave desert)，這將會是最硬的一場仗，準備挑戰整個計畫中最困難的一段路了。

克羅拉多河，不僅僅是美國西部最重要的河流，更是全美大自然的命脈，不但切割出了許多著名的觀光景點和保育區，更讓這炎熱區域裡的幾座城市，因她而發展成適合度假的天堂。

哈瓦蘇湖城(Lake Havasu City)，就是一個典型的度假天堂，這裡有著名的「倫敦橋」(London Bridge)，但這地方並不是在倫敦，而是在一大片的乾熱沙漠區域裡面一小塊的綠洲地帶。原本在倫敦的倫敦橋，因為漸漸沒落，於是英國人將這座橋的名字賣給了住在哈瓦蘇湖城的地產大亨，繼續將倫敦橋的歷史在此流傳下去，並促使這地方成為一個度假中心。

史蒂夫(Steve)和史蒂文(Steven)是我在這座度假天堂的沙發主人，當我一到這城鎮的入口，我的後輪很不聽話的又爆胎了，外頭豔陽高照，氣溫飆高將近四十度，我躲進麥當勞等待氣溫降下來些再上路，當史蒂夫知道我的情況後，很主動的開著他的5000CC重型貨車來接我，順便載我去腳踏車店購買一些內胎。

棕櫚樹、仙人掌、別墅、沙灘、陽光。我感覺到「我到西岸了！」

回到他的住處，這時在家中的史蒂夫正在準備晚餐，他在當地的旅館擔任經理，對烹飪可是非常地拿手，一進門我就已經聞到濃濃的焗烤香味了。

他們家裡養了四隻杜賓犬，體型都很大，讓我一開始有點害怕接近，但這四隻狗比主人還要熱情，一見到我除了充滿好奇心外，還不停地貼著我，然後對著我跳阿跳的，我也很熱情的給了牠們一個大大的擁抱。

史蒂夫告訴我，在這座城市裡，大部分的房屋是所謂的「備胎」，也就是說，大多數的人買下了這兒的房子，不是當住家，而是用來當成度假的地方，所以很多房子其實是沒有人居住的，空屋率很高。於是，會留在這的人，就彼此認識，也很喜歡到處去串門子吃晚餐。每週還會不固定的輪流在不同人的家裡辦派對。

「分享」是這趟旅程中，我在他們身上學到的一件事。

隔天一早，當我走出房間，家裡已經空蕩蕩的了。

「桌上放了麥片和碗盤，就當在自己家就好。」史蒂夫留了紙條，說他去健身房了。

我傳了簡訊問他，可不可以多待一晚，我想到市區走一走。

他回了我簡訊說：「當然可以啊，我中午就會回去了，再帶你去外面走走。」

等他回到家後，他打開後車庫，搬出他的腳踏車跟我炫耀一下。

「要逛湖邊的最好辦法就是騎腳踏車。」他告訴我。「很抱歉，又要讓你騎腳踏車了。」

他拍拍我的肩，笑著跟我說。

我們沿著河流騎，到處都是遊艇和沙灘車，腦中不停的聯想起台灣的墾丁。

後來我們越過倫敦大橋到島上的游泳池，他在旁邊的酒吧買了一瓶小罐的烈酒，在炎熱的大太陽底下，泡在游泳池裡喝著烈酒，真的是很享受。

上　倫敦橋，哈瓦蘇湖城
中　沿著河邊騎車
下　熱情的杜賓狗兒

來美國三個多月後，這是我第一次跳進水裡面享受。沒有海水的鹹味，房子好有特色，這又是一個具有故事性的城市，實在是一座適合享樂和觀光的好地方。

很幸運的，在62號公路的起點，可以找到這樣的沙發主人，讓我在66號公路一身的疲憊可以好好休息，重新整理一番。

接下來的路會越來越熱，越來越難走，大家都叫我千萬要小心前進，不要跟太陽拼命，穿過這沙漠到加州海灘，他們告訴我那會是一個更美麗的地方。

加油，不管如何，量力而為，要靠意志力來度過這段最後的沙漠區，這是美國死亡率最高的沙漠，只要過了，眼前就是另一個天堂了！

哈瓦蘇湖

史蒂夫陪我騎車導覽

到處都有可玩水的景點

泡水好過癮

如果我沒有在沙漠中過夜
就不會看見如同黃金般的大地

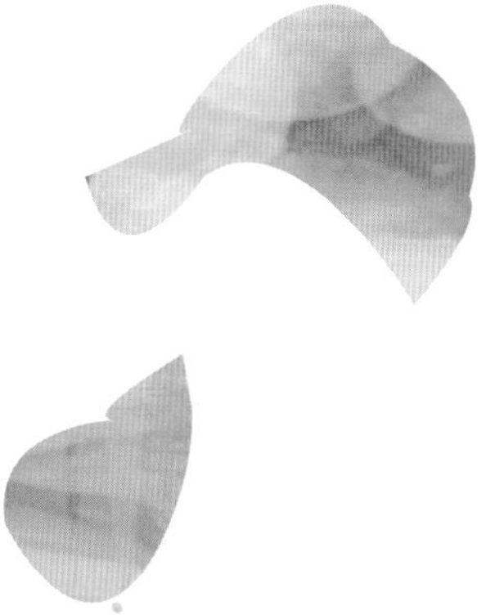

第一座國家公園——惡地國家公園

如果沒有一些些綠色的雜草時而冒出頭來的話

還真的會以為在月球上騎車

「當你來到這，你就能體會站在月球的感覺。」

在我還沒到這國家公園時，就有聽過這樣的傳聞。

這是我第一個到訪的國家公園，或許可以把這裡當成是我夢想發芽的地方吧！

中部大草原是一段很特別的經驗，除了深入印地安人保護區和他們交流外，在這段路也讓我成長了許多。

當我要決定前往拉皮德市的路線時，我面臨了兩個選擇，一個是穿過惡地國家公園然後接上I-90州際高速公路，另一個是直接往西北方向騎到這座城市。在我離開最後一個印地安人小鎮時，那裡的小朋友告訴我第二條直接往西北騎的路線不好，會遇到鬼城。

「什麼都沒有，只有鬼。」

於是我選擇穿過惡地國家公園，此時住在拉皮德市的熱水澡主人也用簡訊告訴我一定要去那裡一趟，而且在南達科他州，騎上州際公路是合法的，要我放心的去享受惡地國家公園。

當我越接近惡地國家公園，路上的風景也越來越「惡」，奇岩怪石漸漸的出現在我的眼前，這些奇特的景象，是因為較軟的沉積岩和充滿黏土的土壤，受到了風和水強烈的侵蝕而成的乾燥地形。當然，不同季節來這兒會有不同的景象。

當我進入園區後，我遇到一個德國人，似乎也跟我一樣騎著腳踏車來到這個地方，他見到我後馬上回轉過來跟我聊天。他其實也在跨州旅行，但他選擇開車的方式完成，然後把他的單車放在車上，他想去哪裡，就去哪裡；他覺得哪裡很適合騎車，他就到當地停車，開始騎車到處走走。

「我先開車到處玩玩，以後有機會再單純用騎單車的方式再玩一次。」他興奮地跟我說他未來的計畫。

每個人都有不同的方式去完成不同的事情，在沒有與法律和道德相抵觸時，其實是沒有任何對與錯可言。有人問我為什麼要騎單車？為什麼要選擇美國？一堆的為什麼，有時我也很不耐煩的回答：「沒有特別的原因。」

但是當我踏上單車，坐上我的坐墊，找到我的目標和我騎單車旅行的意義在哪，我們要學習從旅行中找到屬於自己心中的那條路，那條路會帶著你往前走。

騎入第一座國家公園，惡地國家公園

他的裝備單薄，跟我比起來他算是腳力相當好的騎士；他跟我路線一樣，但騎到園區出口後會折返回到這裡，所以我們還是會再遇到。

從南邊進入國家公園是在比較低點處，於是要開始拼命的往上爬。但從山頂往下遠眺的景象，真的是讓我印象深刻，當下我真的很慶幸選擇了來到這裡。

「嘿，我這裡有一瓶水，我想你應該很需要吧！」

有一台休旅車開過我身旁，在我前方兩百公尺處停了下來，就為了特地遞給我一瓶礦泉水。因為在這路上都不會有補給點，於是這瓶水幫助了我度過這段長長山路。

第一次進到國家公園，我的目標卻放錯地方，我一心只希望能趕快到達拉皮德市，惡地國家公園只是我路過的一個景點而已，畢竟它不是在我計畫的路線裡頭。而且第一次到這地方，還不知道有所謂的露營區，也不知道該花點功夫去研究一下園區內的步道。

當我汗流浹背爬坡的同時，我看到早上遇到的德國人正輕鬆的沿著下坡滑向我，拿著相機拍下我苦命的樣子，原來他已經回程了，我們打了聲招呼後，我問他：「之後還有很多爬坡嗎？」（因為我真的被這裡的坡給嚇到）

「還有一個很長很陡的坡要爬，然後會是一條很長的下坡，然後要再爬一次坡，我爬的好累，怕太晚所以我就先回頭了。」他用一種「加油」的口氣跟我說這些話，但我怎麼聽起來不太妙。

廣大的園區，如果沒有一些些綠色的雜草時而冒出頭來的話，還真的會以為在月球上騎車，了無生意的感覺。

我在一天之內就騎離開了惡地國家公園，當時並沒有想到在裡頭露營會有多特別的感觸，或若多花點時間停下車，用雙腳走一些獨特的步道。

不過，大部分讓人驚豔的景象，在沿著公路所設立的觀景區就能欣賞的到，雖然可惜沒有深入玩賞，但這也讓我下定決心，往後去國家公園時，一定要好好欣賞裡頭的美。

如同月球上開了一條公路

散步在月球

進入惡地囉

德國的車友

蛻變成蝴蝶的旅程——拓荒者之旅

我一度跪坐在地上痛哭
到底還要多少個上下坡才能到達休息的地方？

整個旅程當中，讓我從痛苦轉換成享受的交界處，莫過於這段長征之路，路易斯克拉克路線（Lewis & Clark Trail，之後簡稱 L&C Trail）。

離開了蘿拉（姊姊專科時的好姊妹，現居狄蒙），就是我美國中部大草原之旅的開始，所有未來會面臨的考驗和挑戰，都將在這裡作為一次測驗，如果測驗不及格，體能和心態可能會無法去面對未來的狀況，那將來的路一定會讓我更加挫敗。

過去都是會經過大城鎮的路線，取而代之的是一間間破舊的農倉。

過去都是會有樓房和商店的公路，取而代之的是一片一望無際的草原。

過去還會看到路人在街上行走，取而代之的是一群牛，還有纏著你不放的牛蠅。（超大隻的！）

騎到南達卡達州的邊境大城蘇瀑（Sioux Falls）時，我找到了一個熱水澡主人，一個熱愛接待單車旅客的越野單車玩家，馬克（Mark）。當天剛好也有兩位跟我同時間要在馬克家過夜的單車客，是來自法國的情侶，叫做蘿拉和皮爾（Pierre），男生比較不會說英文，

往成長的道路前進

所以大多時候都是女生在一旁翻譯。

他們還年輕，還沒有開始工作，他們的目標是從加拿大的魁北克（美東再往北一點），一路騎到加州，然後再一路向南騎到阿根廷，這整個旅程要在十八個月內完成，真的很不簡單。

我們就在這個城市相遇，就連彼此昨天過夜的地方都只有一個小鎮的距離而已，而且同一天抵達蘇瀑，被同一位主人招待。

世界上，有這麼多條不同的道路，通往著不同的方向，有多少人有機會在同一時間同一地點相遇呢？

在路上，曾看過腳踏車的充氣鋼瓶，炸開過的內胎，更換完丟在路旁的外胎，在這同一時間裡，有多少人也正在同時過著單車旅行的生活呢？

蘿拉告訴我他們要沿著 L&C Trail 這條路線往西邊前進，這是一條從聖路易斯 (St Louis) 一直通到西雅圖 (Seatle) 的路線，總長度約六千公里，當時美國人於十八世紀初要準備往西邊探險時，路易斯和克拉克奉傑佛遜總統之命，組織探險隊沿著這條路前往調查那塊廣闊的土地。

馬克告訴我，原先規畫的路線因為龍捲風的破壞，把鐵馬路線都摧毀掉了，而蘿拉提供給我的訊息，是一條可以繼續往前進的道路。

這條路不再繞進熱鬧的市區，除了一大片草原和一條筆直的公路外，想要在大太陽下找個遮陽的地方相對變得困難了。所以我把全身包得緊緊的，深怕自己被大太陽曬昏。

依照我這兩天的平均時速（每小時十三公里），就知道有多痛苦。除了上坡、下坡以外沒有別的了。

印象中的大草原不應該是一片平坦遼闊的地方嗎？怎麼這裡的路跟美國東岸差不多，一樣都是爬上爬下的坡。其實真正平坦的地方還要再往北部騎，而我選擇的路線只算是平原中的丘陵地形，所以當然很多挑戰在裡面。

這幾天的天空可真是恐怖，太陽熱到我流了一身汗，蔚藍的天空不帶著一片雲，獨自在空曠的草原，我就像騎在巨型烤箱裡，一滴一滴的流下我的汗水。

可能頭腦被曬昏了，我騎到一個小鎮之後，開始迷路，雖然可以依太陽的方向找出東南西北，但哪條路可以到哪裡我已經被搞亂了。我十分傻眼，不知道要怎麼騎回地圖上認識的公路，回頭騎也要重走大約二十公里，才會接回我原先騎的公路上，我覺得浪費時間，而且當初是上坡下坡的騎過來，如果要回頭騎，就是要再一次上坡下坡的騎回去，於是我決定要賭一條地圖上沒有的小路走，我先問加油站店員要怎麼走才會回到我的正軌，然後就開始了一趟上上下下的體能訓練，不只曬成了肉乾，體力也被殺光光了。

在沒有路標的路上迷路，心情是很複雜的，你不知道前方還要騎多遠、騎多久才會有路標，然後沿路除了大片草原外，就是看著我的牛群而已，一個人這樣真的很痛苦。

過了不久，我重新接上L&C Trail，而且是走回正確的路線，也在地圖上找到我的位置，讓我的心終於放了下來。但此時已經騎了快要破一百公里了，雙腿再度疲軟不堪，這次我是真的踩不動了，我一度跪坐在地上痛哭，到底還要多少個上坡才能到達休息的地方？為何自己這麼沒出息，還是沒有辦法克服這一切？

跟老天爺發脾氣有什麼用，風還是衝著你吹，坡還是等著你爬，只有一步一步的去克服它，才能享受到屬於自己的成功果實。

我開始檢討我自己的騎車模式，要改變一下騎乘方式了，光靠體力是沒有辦法長時間的騎乘，該要有計畫性的騎乘才能讓旅程更輕鬆點。

在此之前，我騎車是沒有計畫性的，一直騎一直騎，騎到手痠腰酸腳麻才會想到要休息。面對上坡，利用「迴轉速」拉高去搶時間，不然就是用雙腿重踩讓自己一口氣衝上去，但結果就是像這幾天一樣，鐵腿而且心力也疲乏了。

我開始放慢腳步。

上坡，我就慢慢騎，聽著音樂慢慢騎就好，我有更多時間享受美景。

下坡，我就慢慢滑，聽著音樂慢慢滑就好，我有更多時間享受美景。

L&C Trail 也被稱為勇士之路(Warrior Trail)，我想我在這段旅程中成長了，就好像經過了成年禮的洗禮一樣，成功的挑戰了自己的極限。從此之後，我就再也沒有因為自己體能問題而用牽的往前進了。

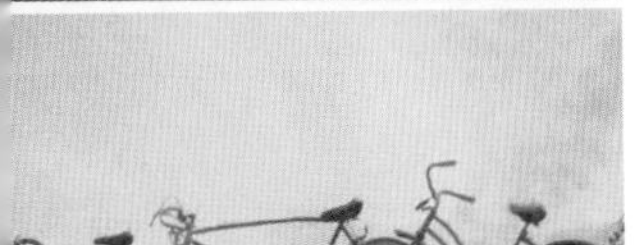

上　在當地人家後院紮營
下　單車道

我上天堂了——熊牙公路

早上的天氣真是棒透了
晴朗的天空
帶點涼意的微風
藍天白雲
老天爺似乎想要給我一趟最美麗的旅程

當初在規畫美國跨州之旅的路線時，熊牙公路（Beartooth highway, Route 212）是當時決心一定要去的地方，這條號稱全美最美麗的公路，既然我是騎腳踏車來，當然一定要去朝聖一下，所以美東到美西的路線才會比較偏向北美的方向往西前進。

上山的前一晚，我在山下的小鎮雷德洛治（Red Lodge）找到一間廢棄旅館紮營過夜，隨著越來越接近落磯山脈，氣溫和天氣也越來越難以預料，我是在又濕又冷的雨中，才勉強找到了這間廢棄旅館。能躲在這四面都被保護住的小屋裡，算是一件幸福的事。

早上的天氣真是棒透了，晴朗的天空，帶點涼意的微風，藍天白雲，老天爺似乎想要給我一趟最美麗的旅程！

熊牙公路的最高點，是在蒙大拿州和懷俄明州的交界處附近，海拔高度3,337公尺；前一天從畢林斯（Billings）海拔高度九百公尺開始，就一路往上爬升，直到離開雷德洛治（Red Lodge），爬升的速度變得越來越快，沿路的坡度也越來越陡，不停的蜿蜒直達山頭；騎車的速度可以說是跟下來牽車一樣緩慢，但堅定的信念告訴我，一定要靠雙腳騎到山頭，不能輕易的放棄！隨著欣賞這一路上的美景，高山雄偉的矗立在身邊，如詩如畫的景象，那些疲累都已拋到九霄雲外去了，最後，我終於成功的攻頂。

遠方寧靜的山頭上，覆蓋了終年不化的雪，就好像披上白紗待嫁的新娘一樣美麗又動人；我常常停下腳步，花很長的時間欣賞眼前的一切，這輩子都還沒有見過這麼美麗的地方；比起看海，我更愛山帶給我那「登高壯觀天地間」的感覺。小時候，媽媽常常叫我們多看遠方的山，這讓我在此刻會對山脈有更深的感觸，也或許這如同天堂一般的地方，正

披著白紗的少女

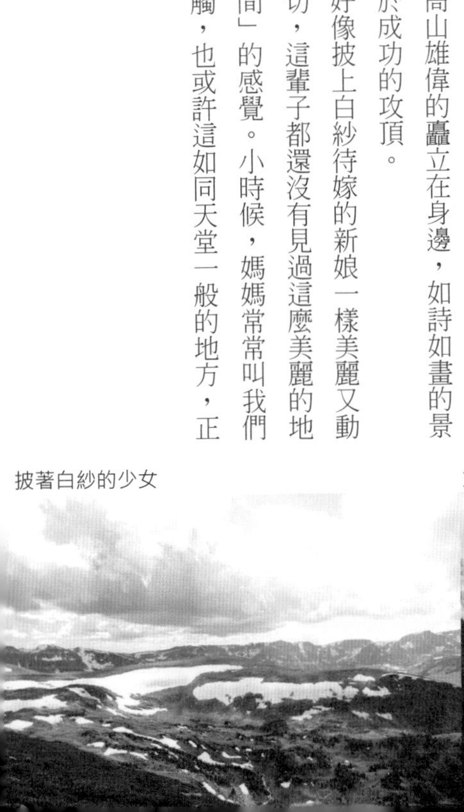

站在熊牙湖前

是媽媽送給我的禮物，當我千辛萬苦的騎到這地方，看見這樣宏偉的景色，一切都值得了。

口渴了，我會把山上流下的泉水裝進水壺裡，冰鎮的口感真的是好甘甜啊！但事後有人跟我說，這樣很容易會引起腸胃疾病，因為水源處可能會有很多動物的排瀉物，所以他們身上都會準備濾水器，以防萬一。但我想，這麼高的高山，雪融化後的水，喝起來應該不會有問題吧！

隨著海拔即將拉高到三千公尺，布滿整片山脈的松樹，也開始轉變為短小的雜草，一小叢盛開的小花，顯得格外地搶眼。七月的熊牙公路，正是最舒適的天氣，也是大地最翠綠的時節，我選擇五月出發，就是計畫要在七月左右到達這地方，因為這條公路在冬天是封閉的，路面開放的時間每年只有短短的數個月而已，能有幸來到這地方，真是最棒的禮物了。

當我快要到公路的頂端，拿著相機拍照時，有人朝我這走了過來說：

「Are you come from Taiwan?」（你來自台灣嗎？）

熟悉的黃色皮膚，他拿出台灣國旗用國語說：「我也是。」

帶著有點乾啞的喉嚨，我硬是要大聲的歡呼好幾聲，實在是太開心了！這也是我在美國第一次和來自台灣的陌生同胞一起聊天，能在這麼美的地方遇見同鄉的朋友，真的是一件很振奮人心的事。

他們是姊弟兩個人（一開始我誤以為他們是情侶），弟弟在舊金山工作，姊姊來美國出差，他們趁著休假之餘駕車到處遊走，也是聽說這是條號稱全美最美的公路，所以一定要來瞧瞧到底有多美。他們讓我想起我和姊姊兩個人的相處，可惜在姊姊的有生之年，沒機會開著車載她到處遊山玩水，於是我更稱羨這對姊弟，希望他們好好珍惜彼此，一輩子彼此照顧、彼此信任。

「山上天氣變化大，你一定要趁天黑前下山，找到住的地方喔！」他們最後這樣提醒著我。

天使彷彿隨時會出現在眼前。

騎到最高處，開心的大叫

他們就像天使一樣，在終點前給我鼓勵，也讓我把疲勞再次拋開，更讓我堅定相信，姊姊一定也在我身邊，他們姊弟倆個人，讓我也感受到相同的姊弟情深。

在中途的休息站，有一位中年男子很樂意分享心目中的「天堂」給我，這是一個非常適合紮營的好地方——弗島湖(Island Lake Campground)，營地前有高山湖泊，是他夢寐以求的地方，但他告訴我這地方海拔比較高，大約兩千七百公尺左右，所以夜晚的氣溫會很低，要我注意好保暖。

我哪管冷不冷，一定要去瞧瞧，那地方到底有多漂亮？

一段下坡後，我轉入這營區，我被眼前的景象給震懾住了，那連綿不斷的高山，披上雪白的白紗，眼前還有一片

陶醉在這片風景中

翠綠的湖泊，正如同那位中年男子跟我說的一樣，這地方真的是美呆了！

雖然這地方的管理費是我住過的營區中最貴的，但一切都是值得的。夕陽前，我坐在湖泊前面發呆，有三個來自猶他州和愛達華州的單車朋友走了過來，我們寒喧了幾句，然後約我一起去他們的營地，我們圍著火爐，喝著熱騰騰的紅茶，開心的聊著彼此熱愛單車的故事，他們開著車到這地方，找個營區停好車，就開始騎著腳踏車挑戰附近的高山，騎完了就開著車到另一個地方，繼續欣賞著另一幕美麗的風景。

當他們聽完我的故事後，落下眼淚，並給予我最真誠的祝福和鼓勵，叫我一定要完成這項任務，我寒冷的雙手也被這溫暖的紅茶和熱情的心給暖和了起來。

倒映的美

高山終年積雪後的湖泊

儘管爬坡很累，但一切都值得

旅行的方式有很多種，端看你決定想在過程中得到什麼，或許是為了挑戰自我、欣賞風景、認識不同文化，或是其他更多的理由，其間並沒有誰比較偉大，誰比較厲害。沒有人能替你打分數，不管旅程的困難度和感觸如何，最後收穫最大的，永遠是自己。

寒冷的夜裡，我裹起僅剩的衣服，準備回帳篷前，營區管理員告訴我：「如果你覺得冷，你可以跳進湖裡，因為湖裡的溫度會比空氣還要高。」但是我還是不敢嘗試。

夜裡，星星在天空一閃一閃的，每一顆星星都好清楚，我數了五顆流星，許下心願。

我很幸運能騎上這段路，老天爺給了我最棒的禮物讓我去感受這一切，白天的天氣是無比的好，山上也晴空萬里；夜晚時，有這麼美的地方和溫暖的人情味，所有美景都盡收在我眼前，我永遠不會忘記這段最美的公路。

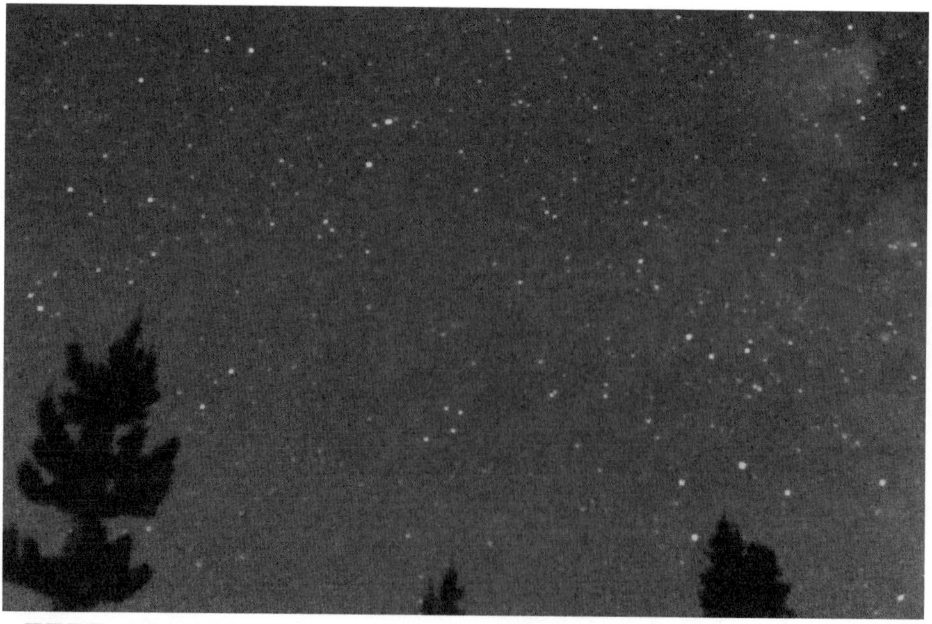

一顆顆星星，背後的故事激勵了我

老天的一幅畫——黃石國家公園

我又再次的呼喊：「真的好美啊！」

前一天在最美的天堂裡過了一晚，雖然整夜的低溫讓我在半夜不斷醒來。早上的天氣很舒服，溫度和陽光都很完美，尤其是帳篷對面的那面湖和那群山，如詩如畫的風景讓失眠的痛苦都消失了。

離開了營地，聽說往前一點會有一間在熊牙公路上的名店——Top of the world！聽這名字真的很響亮，感覺是一個非去不可的地方。把店面開在這種地方真的很厲害，補給該怎麼送達到這裡呢？

我在裡面挑了許多張明信片，因為一張只要三十分美金，比起之前見過的價格，算是便宜很多了。挑明信片是一門學問，從東岸買到西岸，有貴的有便宜的，面對琳瑯滿目的貨色，怎麼選中視覺強烈，又能充分代表當地特色的明信片呢？我總喜歡在明信片的背後寫下幾句能鼓勵收件者的話，也許是關於工作，也許是關於人生，並配合明信片的風景，讓這張明信片能夠代表不同的意義。

之前有一張明信片的照片，是以芝加哥為背景的密西根湖，海浪打上岸邊，天空被烏雲遮住一片灰暗，就像一場風暴將要來臨。

「人生就像這張明信片一樣，有起有伏，也許現在烏雲在我們頭頂上，但度過後又是一片晴朗的天空。」我在裡頭這樣寫道，想讓這張明信片帶給對方支持與鼓勵。

離開這間夢幻的商店後，我開始要往黃石公園的路上前進。原本很擔心在高海拔會有身體不適的情況，但到目前為止都沒特別的不舒服，反而很樂在大自然帶給我的美麗驚喜之中。我到了黃石公園的售票口，再往前一步就進入園區了，我非常興奮的跟售票員說：「I am so exciting!」（我超級興奮的！）

黃石公園是我在規畫這旅程時的第一個必去景點，接著我把有朋友居住的紐約和聖地牙哥作為起點和終點，然後再填滿中間的空白，所以黃石公園這一站對我旅行的意義非常重大，我告訴自己，這是老天爺送給我的一幅畫，我要永遠烙印在腦海中。

研究一下園區地圖，離這裡最近的露營區差不多五公里左右，但這季節，黃石公園是超夯的旅遊景點，每個露營區都客滿了，怎麼辦？不可能叫我回頭或是睡路邊吧？

在國家公園裡是禁止隨便紮營的，要在指定的地方才可以，不然會被巡邏的管理員趕走，嚴重的話甚至會觸犯到法律，因為曝露在野生環境中是很危險的一件事。

我不管了，先騎到離我最近的卵石溪 (Pebble Creek) 營地，我向管理員打了聲招呼，他們一行人似乎在野餐。當他看見推著腳踏車的我，告訴我在公園裡的營區規定，不能拒絕單車客和登山客 (Hiker & Biker)，因為這兩個族群的遊客是沒有能力在短時間到下一個營區的，所以無論如何會在營區讓出些位置，收費也會比一般開車來的便宜一點。多麼友善的國家，保護了我這種弱勢族群，不然就要被熊吃掉了。

牽牛花溫泉

黃石大峽谷和瀑布

黃石湖

高噴泉凹地

老忠實噴泉

野牛過馬路

他們給了我一個小小的空地讓我紮營，另一個管理員問我要不要坐下來一起吃東西，我當然是舉雙手贊成再贊成啦，於是我很不要臉的坐下來享用他們準備的「大餐」，他們告訴我今天是他們特別的聚餐，參加者是其他營地的營長，很幸運的我在這一天能受到這樣好的眷顧。

在這裡我學到一個態度，一個果決又明確的表現，就是「Yes is yes, no is no」。或許我們會覺得美國人講話太赤裸直接，沒有中國人的謙虛含蓄，但是他們的好處就是，回答問題時不會曖昧不清，如果美國人問你問題時，你給了一個很不明確的答覆，他們只會覺得困擾不知道該怎麼辦，反而會造成雙方的誤會和猜疑，直接明瞭的答覆會讓事情變得簡單的多。所以沿途只要有人問我要不要一起吃飯，要不要讓他請客，我總是很爽快一口答應，早已經忘記什麼客氣、不好意思、謙虛、推辭……那些與心裡想法不一致的表達了。

黃石公園有兩個極度出色的景點，一個是溫泉，另一個就是黃石大峽谷。

黃石大峽谷的氣勢磅礡讓我有點震撼，懸崖邊都是黃色的石頭，在瀑布旁還會牽著一條很明顯的彩虹，真的好美、好壯觀。黃石湖也是一個讓人心曠神怡的地方，大面積的湖面配上對岸披著白紗的山脈，因為土質的關係，在岸邊還會有著黃色的硫磺滲透入湖中，我又再次的呼喊：「真的好美啊！」

老忠實溫泉（Old Faithful），是繼黃石大峽谷後的另一賣點，只要看到照片應該就會想到黃石，看到黃石就是想到照片裡的溫泉了。

很多人說黃石公園像是一個會呼吸的大自然，什麼東西都是「活生生」的呈現在你眼

面對高山和湖泊的營地

老忠實噴泉

前：各種生物、植物、動物，跑的、飛的、爬的……充滿了原始的自然生命力。

在溫泉區，也能體會到這大地不停的在呼吸著。

我在黃石公園住了三個晚上，每個營地都很特別。在最後一晚，因為傍晚的一場大雨，在雨停後的夕陽中，我看見難得的霓虹現象。

我在帳篷旁用松木當木材生起了火，準備晚餐時，有一位年長的女生（應該差不多六十歲了吧！）走了過來。她叫芭芭拉，她帶我到他們的營地認識她老公傑夫。他們夫妻兩年前才剛去台灣玩過，那時她還打算去登玉山，但當時的天氣很糟，因此取消了行程，所以沒有挑戰成功。

我們聊著彼此的旅程，他們要來完成自己的夢想，從美東的波士頓(Boston)，騎到美西的奧瑞崗州，他們年齡這麼大還為了夢想出發，我很佩服，從他們身上我看不出疲勞和不愉快，他們很樂在其中。

我們很有緣分的在黃石公園相交，接下來他們要往北走，而我要往南騎。旅人在地圖的交叉點上相交，抱著不同的夢想往不同的方向前進，不是命運的交叉點，而且夢想的共同點。

害羞的少女——大蒂頓國家公園

真正美麗的畫面
是要靠雙腳去踏遍才尋找得到
我掀開這座山的面紗
用她的角度欣賞我經過的地方

離開營區後，往南走就要離開黃石國家公園了，緊接著又是一個美麗動人的「大蒂頓國家公園」，如果說黃石是熱血的男孩，那大蒂頓可以說是害羞的少女了，很期待這不會結束的美景。

雖然離開了黃石，但周邊的景色變化並不大，還是置身於松樹中，那味道好香好香，而且這附近的野草，大部分是屬於芳香類的品種，所以騎在這條公路上，充滿了花草香還有松樹的香氣。

在路上，對面停在路旁的 RV 車突然對我鳴了聲喇叭，還很用力的向我揮著手，我很好奇的騎回頭看是發生了什麼事情？

原來他們的 RV 車故障了，卡在路邊不能前進也不能後退，在這山中他們的手機也收不到訊號，於是他們就請我幫忙，往前約四公里處有個小鎮，我就快馬加鞭的趕去那邊通知公園管理員，協助他們脫離困難。

文靜的珍妮湖

大蒂頓國家公園為什麼會成為熱門景點呢？它的形成就跟我們台灣是一樣的，兩個板塊的擠壓，一個往下沉（台灣西部）形成了平原的地形，另一邊就往上擠壓形成高山（中央山脈），再加上黃石公園的火山地形，曾經大規模的噴發，造成溫度下降成冰原期，等到冰雪退了之後，留下像是傑克森湖 (Jackson Lake) 和珍妮湖 (Jenny Lake) 這兩座面積廣大的湖泊，如同兩位情侶一樣，緊靠著彼此，也因為板塊的擠壓，讓大蒂頓山脈在平原中顯得格外突出，使得四千多公尺高的高山好像坐落在眼前般，離我們好近好近。

在路上，突然有兩個女生開車停了下來，她們說昨天有看見我在雨中騎車，那是往返老忠實溫泉的路上，今天又在這地方遇到我，相距了有一百公里，覺得怎麼可能會有這麼神奇的一個人。

沿著下坡，我很輕鬆的享受眼前的景象，不知不覺時間來到晚上七點左右，趁天還沒有黑，要趕快準備紮營了。大蒂頓國家公園內一樣必須在指定地區才可以紮營，「嚴禁隨意紮營」，沿路常會看到這樣的指標。

我先到了 Signal 山旁的營區詢問，負責這營地的管理員是個年輕女孩，她打開窗告訴我：「我們已經滿了喔，無法讓你在這裡住一晚。」

我有點傻眼的看著她，告訴她：「我是 Hiker & Biker，不能讓我留宿一晚嗎？」

「什麼是 Hiker & Biker？我們沒有這規則喔。」她疑惑的回答我，因為已經客滿了，就是不讓我進去紮營，她也不管我有沒有地方休息，硬是把我趕到下一個營地去問。

距離下一個營地差不多二十公里左右，應該一個半小時可以到，太陽也還不會這麼快下山，於是我無奈地繼續往前走。

下一個營區在珍妮湖旁邊，因為時間晚了，辦公室也沒人，索性就闖進去找到 Hiker & Biker 的營地紮營，還賺到一晚的露營費用，我該感謝前一個營區把我趕走的小女孩嗎？

害羞的大蒂頓，心情也像個少女一樣陰晴不定，在高山旁的氣候很不穩定，才剛剛入夜，就馬上刮起風雨，還好此時的我已經躲進幸福的帳篷裡了，也用一塊防水毯蓋住我的單車，我偷偷打開帳篷往外看，絲絲的細雨打在單車上，它陪了我走過這麼多的路……「晚安囉，小帥！」我輕聲的跟它道了聲晚安，期待明早的天氣會變好。這一晚沒有管理員巡視，真是賺到了！

隔天的早晨，綻放出深藍色的天空，害羞的大蒂頓露出了幸福的外表，真的好美麗。

上　大蒂頓國家公園
下　珍妮湖步道

我先騎到湖邊去欣賞一下這個美麗珍妮湖，並來一場登山健行吧！

這裡有一個隱藏的瀑布，剛好就叫作Hidden Falls，有兩條路可以通到那，一個是搭湖面小船，但要花費十二塊美金，另一個就是要靠雙腿，行走差不多約五公里的登山步道，我背起我的相機就開始出發，選擇一條不花錢的方式去接近大自然。

湖面如此的清澈透明，五公里的路程也很特別。從一開始的平路，到後來的石頭路，最後是一段沿著懸崖邊而行的碎石路，我到達這步道的頂部後，坐在一顆大石頭上，俯瞰整座湖面。遠處的平原，更遠處的高山，湖面反射天空的藍，原來，真正美麗的畫面，是要靠雙腳去踏遍才尋找得到，我掀開這座山的面紗，用她的角度欣賞我經過的地方。

靜靜欣賞珍妮湖的美

66號公路的緣分

我帶著有點朝聖的心情往前騎
並欣賞這條美國公路的主要命脈

66號公路，一開始並不在我的計畫內。雖然這是條眾所皆知的公路，迪士尼動畫《汽車總動員》(Cars)裡的故事也是以這條公路為背景，但這條公路與我橫貫美國的計畫不相符，而且我也聽說這條路，狀況很多，因為有些有心人士會故意散布碎玻璃，捉弄旅行者，或是商家販賣不合理價格的商品……總之原本是沒打算要去朝聖這條公路的。

66公路的起點從芝加哥開始，沿途經過八個州，最後在加州的聖塔莫妮亞港口(Santa Monica)作為終點，全長3,940公里；這條公路也是美國公路的命脈，有人稱它是「The Mother Road.」（公路之母），也有人稱它是「The Main Street of America.」（美國主要公路）。

當我在芝加哥參觀完博物館後，騎上腳踏車，才赫然發現有一個66公路的路標，告訴我這是66公路的起點。那時的我，只覺得很特別，居然能遇到這條歷史公路，雖然我沒有要騎上這條路，卻忍不住幻想著很多跟我一樣騎單車旅行的人，可能也和我一樣曾經站在這裡，準備他們的驚奇單車之旅也說不定。

就這樣，我一路都沒有再回想66公路，也不曾想過會再看到任何關於66公路的告示牌或路標，直到我離開大峽谷，從弗拉格斯塔夫開始往西出發時，才發現這條路跟我的路線有一段重疊，於是我帶著有點朝聖的心情往前騎，並欣賞這條美國公路的主要命脈。

由於這條公路時常會和州際高速公路重疊，所以可以斷斷續續的騎上這條公路。我騎上66公路已經是在西部，這一帶比較接進沙漠區，容易出現傳說中的「鬼城」。我第一次聽到鬼城(Ghost Town)，是出自於一群天真的印地安小朋友，那時他們告訴我：

「Nothing but Ghost!」（那裡什麼都沒有，只有鬼！）

原因是這條公路上，會看見廢棄的旅館，空蕩蕩的大街，不難想像遙遠的年代，美國人往西方淘金時的規模，還有小鎮的繁華盛世，但後來因為40號州際高速公路的發展，66公路才正式隱居幕後，讓這些小鎮到最後淪落鬼城的命運。

由於66號公路距離大峽谷並不算太遠，所以這周圍有不少「洞穴」(Cave)，我在這條公路上，順路去了一個大峽谷洞穴(Grand Canyon Cave)參觀了一天，也在那裡住了一晚。在洞穴的入口處，一批批的遊客在等待電梯，然後再輪流由專業導遊帶領下樓，有一個橋段是在洞穴深處，導遊會請我們把所有手電筒裝置關掉，然後讓所有人在伸手不見五指，什麼聲音都沒有的地底下，感受一下這令人發顫的黑暗深淵。曾經有隻花豹，一失足落入了這個洞穴，一直尋找不出離開洞穴的出口，於是最後因為嚴重缺水導致死亡，如今那具花豹乾巴巴的屍體還在洞穴裡給遊客欣賞著。

隔天我抵達了賽林格門(Seligman)小鎮，被街上充滿創意的作品及景象給吸引住，色彩繽紛的商店和旅館，還有充滿創意的塗鴉和復古老爺車，這已經是非常觀光色彩的小鎮，再加上66公路的歷史意義，更加增拜訪此小鎮的價值。

沒有在計畫中的驚喜才會讓人感動，這也是旅行的樂趣。從東部到西部，騎了無數條公路，66公路卻是我感到最有趣的一段路。或許是因為之前長時間的獨處，到了這裡，有一種自己是一位遊客來玩的心情。

「旅行和旅遊有什麼不同？」

旅行類似苦行一般，靠著自己的力量去深入了解一個地方。

T CUSTOMERS ONLY!
Historic
Historic
Copper
Cart
HISTORIC
US
66

旅遊是用簡單的方式，去享受不同地方帶給我們的感官刺激。

如同騎單車和開車一樣，不同的旅遊方式，能得到不同的感觸。

只是有一件事讓我覺得很可惜，就是沒有親自騎到66公路上的鬼城奧塔曼(Oatman)，聽說那裡有很多不怕人的驢子，會很親近的靠近遊客，甚至還會把遊客身上的食物搶走，非常有意思的一個地方。但要上去那座鬼城，必須爬過一座山，當時正值八月天，白天的氣溫動不動就飆升到華氏九十五度(約攝氏三十七度)左右，加上我連續好幾天沒有好好休息了，實在很想趕快找到下一個落腳的熱水澡家，所以當時就放棄了一探鬼城的機會。回顧當時，我真應該咬緊牙，騎上去瞧一瞧的，錯過了這次，不知道此生還有沒有機會去那地方了。

帶著不要命的勇氣出發，條條大路通羅馬，只要能到達下個目的地，不論走哪條路都可以。只給自己一個要求，就是不走回頭路。就算迷路了，也要努力繼續往前走，想辦法再接回正軌。

充滿樂趣的小鎮，Seligman

全美死亡率最高的沙漠

直到我爬過一條長達十八公里的爬坡
面對眼前的景象
我才了解
這是老天爺送給我的禮物

面對頭頂上四十度的高溫，此時此刻的我，正躲在一座荒廢的加油站休息，天棚剛好成了我擋太陽的屋頂。

「上次我也遇過跟你一樣的單車騎士，但他不願意騎在沙漠裡，我就順路載了他一程，要不要我也載你一程？」一位小卡車司機跟我說。

「不不不，我想要靠自己穿越這條公路。」我誇張的搖搖雙手，回絕了這好心的朋友。

「那我車上有可樂和啤酒，你就帶一些在身上吧！」他回頭從車上拿出一大瓶冰涼透徹的冰水，還有三瓶罐裝可樂；喝可樂，打嗝，不要說你不懂這感受，實在太讚了啦！

我的所在地，是號稱全美死亡率最高的沙漠，莫哈維沙漠（Mojave Desert），也是全美沙漠面積最小的（65,750平方公里），大約只有兩個台灣本土的面積而已。在全美三大沙漠中，它雖然不是面積最廣的，但卻屬於典型的沙漠盆地，北美海拔最低點的死谷國家

莫哈維沙漠著名指示牌

公園（Death Valley National Park）也在這座沙漠之中。我在這八月的夏天裡，感受到「人間蒸發」的熱浪威力。

加州的東邊是聖加布里埃爾——聖貝納迪諾（San Gabriel-San Bernardino）山脈，從太平洋往東吹進內陸的水氣，都被這座山脈給阻擋住了，再加上板塊移動後所形成的盆地，於是要從東邊往西進入加州，勢必是要通過這一個關卡，這條公路將是我從紐約出發後，最困難的一段公路——62號公路。

有鑑於我在猶他州差點熱衰竭的經驗，我知道千萬不能小看這種又乾又熱的氣候，隨時保持身上的水分，才能平安過關。七公升的水，一大串葡萄，兩顆蘋果，還有兩瓶一公升的運動飲料，備足了所有避免脫水的必需品，我要挑戰極限了！

當太陽還沒有升起，跟沙發主人告別後，準備從帕克（Parker）出發。這裡的清晨是如此的涼爽，微風徐徐往我身上吹過來，壓根沒有想到氣溫飆升後，將會是多麼恐怖的一件事。

進入加州的第一個關口，是農業檢查點，管理員告訴我，62號公路的前半段是屬於貨車會走的公路，所以路上的大卡車非常的多，而且這裡起伏不定的地形，常常會因為一個視覺上的死角，而來不及煞車，她們提醒我要千萬小心，聽說去年已經有三個單車車友喪生在這座沙漠。

「Welcome to HELL!」（歡迎來到地獄！）我離開檢查點後，她們給了我一個微笑。

估計下一次看到有人居住的小鎮，將會是一百多公里以後的事了；隨著時間一分一秒的過去，氣溫也一度一度的往上升，才不到十點，我就已經感受到沙漠炙熱的恐怖。在路上，除了自己的呼吸聲外，什麼都沒有了，天空沒有任何雲層，畫面是寧靜到一種恐怖的境界，停下來時，就好像被放逐在一個無人的世界。

我敢打賭，那些開車經過的人，一定都覺得我這個人是百分之百的瘋了。

「你應該要避開沙漠區，大熱天，熱衰竭是一件很恐怖的事情。」我在旅行途中遇到的喬媽媽（Jo MaMa）這樣告訴我，但我還是一直想靠自己闖過這個關卡，我所生長的地方，是位於亞熱帶區的島嶼，沙漠這種大自然環境，只有在電視上看過；沒體會過什麼叫作沙漠，不知道什麼是生不如死的不毛之地。這是一個好機會，我想挑戰，透過這次挑戰我望能更了解自己的能力，和面對更多不同條件下的自己，所以一定要給自己一個機會。

「反正在台灣，夏天動不動就三十八度起跳，現在在這也不過才四十度，不會有事的啦！」我開始在內心說服自己。

在沙漠中騎車，最特別的景象，是一條看不見終點的路；我一直期待自己會看見海市蜃樓，但因為這裡周圍都是石頭堆積起來的山，所以不會看到這種神奇的折射現象。不過，這種死寂的畫面，就足以澆熄一個人想生存下去的動力。

太陽下山之前，我都在挑戰自己的體能極限，直到我爬過一條長達十八公里的爬坡，從海拔三百公尺爬到將進六百公尺高，雖然不陡，但也太折騰了吧，心想「這跟爬一座山有什麼兩樣？」。但等金黃色的景象在我眼前展開，我才了解，這是老天爺送給我的禮物。

沙漠是一個升溫快，降溫也快的地區，於是在夕陽落下同時，大地好像披上了一層金紗，一同迎接夜晚的到來；原本炙熱的白沙，瞬間成了遍地的黃金，我已經忘記白天嚴酷的考驗，準備享受夜晚的到來。

我選擇在一個登山步道的入口處紮營，一來這地方空曠，二來如果我不小心人間蒸發了，這裡應該還是會有登山客發現我。（應該啦，但有誰會來這鬼地方爬山！）

開始查點身上的裝備，葡萄在爬坡時就吃完了，蘋果當成明日的早餐吧，吐司和果醬也只剩下一點，明早和蘋果一起吃掉吧；剩下不到一公升的水，雖然離補給的城市只剩下四十公里左右，但今晚還是省著點用，不刷牙也不洗臉，上廁所也不用洗手了啦，趕緊進帳篷休息吧；臉上的沙子就像火烤一樣，又熱又黏，我用雙手將它們拍掉。這一整天下來，全身非常狼狽。

半夜，周圍都是野狼的嚎叫聲，此起彼落地在呼叫著，但我並不害怕，因為我已經又黑又瘦，沒什麼肉可以給牠們吃了。

媽媽來到我夢裡，笑了笑，用她細嫩的手心撫摸著我的臉頰。

好舒服的夜晚，我的內心好平靜，好清爽！

金黃色的大地，在太陽升起時，更讓人迷戀，甚至可以說閃亮到有些刺眼也不誇張。

終於，在我的前方，城鎮輪廓已經出現，最後剩下一點點水的水壺，也找到了安全感，我順著下陂，有時會試著放開雙手，迎著風，在無人的沙漠中大叫。

我成功了！我靠我自己的意志力和勇氣，穿越了炙熱的沙漠地區。我用簡訊向之前關心我的朋友報平安。

「You are a ROCK!」、「You are an animal!」他們除了恭喜我外，也給了我「石頭般的意志力，猛獸般的勇氣」這個稱號。

如果當初我放棄冒險，而搭上好心貨車司機的便車，我可以很輕鬆的完成我的任務；而我卻選擇卯足全力，嘗試穿越沙漠。

我也可以在起初規畫路線時，就避免這一段公路，但我還是強迫自己、說服自己，靠自己走過這段最痛苦的旅程。如果我沒有在沙漠中過夜，我不會看見如同黃金般的大地，也不會看見夕陽西沉時的美麗。

在電影《阿甘正傳》(Forrest Gump)裡，他用慢跑的方式橫越了美國，當他經過沙漠時，他在電影裡頭描述著：「在沙漠裡，當太陽升起的那一刻，我無法分辨何處是天堂，何處是地獄。」我體會到這句話的動人，那永恆的畫面，永遠烙印在我的腦海中。

在成長的路上，我們面臨很多困難且痛苦的時刻，我們可以選擇睜一隻眼閉一隻眼的躲過，甚至可以簡單的去遺忘掉這段過去，但這樣子只會把傷痛隱藏一輩子，而失去走出來的機會。

勇敢的去面對眼前所發生的不幸，挑戰內心的自己和不可知的未來，或許在我們最痛苦的那一刻，反而是讓我們成長最多的一刻。

旅程最後的國家公園——約書亞樹國家公園

奇特的樹種
如同握著手的居民向我打招呼
壯觀的巨石
就好像是他們的家
我好像進入了植物的世界裡

穿過了可怕的無人沙漠區，最艱困的任務已經達成了！

在沙漠中，我只看到螞蟻以及一隻野狗，其他都沒了，眼前終於出現了人群聚集的村莊，但……這裡的房子，多半是廢棄屋，如果你多了解一點，就知道沒有什麼人會想住在這種鬼地方。

繼續騎，騎到了29 Palms這座小鎮，終於看見有人住的房子。這裡有一個很特別的國家公園──約書亞樹國家公園(Joshua Tree NP)，約書亞樹是一種大型絲蘭，也是在這沙漠中獨特的樹種，是當初摩門教徒取的名字，因為樹的成長形狀很像雙手朝上在禱告，於是這樣取名。

要去約書亞樹國家公園可不是一件簡單的事，回顧我騎過的國家公園，從第一個惡地國家公園開始，只要想進去國家公園內，就一定要先經過體能的測試和意志力的考驗，因為入園門口總是一段又臭又長的爬坡。這次更誇張，從海拔五百公尺到一千四百公尺，總長二十七公里的爬坡，根本就如同要爬一座山，我很猶豫要不要去？

我先到山腳下的遊客中心，在廁所裡簡單的打理一下自己，沖去昨天沾滿全身的細沙，還有疲倦的身體，刷牙洗臉洗腳，一次做完。將水壺的水打滿了，整個人又恢復最佳狀況，但肚子……還欠缺個犒賞。來吧，去鎮上找吃的，順便好好思考一下要不要進去這國家公園？

第一，裡面都只是樹，去了又如何？

第二，現在是夏天，白天會熱死你，你能在那待多久？

第三，時間還夠嗎？進去加紮營還要多花你三十塊美金喔！

第四，這種爬坡，你還想要找死嗎？

我左思右想好久，我可以選擇繞過去，因為過了這，是長達四十公里的下坡，還有熱鬧的大城市，這條件真的是太誘人吧！

我躲在餐廳裡好久，也想了好久……

太陽下山前爬這條坡，應該比較不會熱，上去先晃晃後紮營，一早上路後再沿路欣賞風景；因為海拔高，氣溫爬升不會這麼快、溫度也不會這麼高，下山後，可以去鎮上吃東西，還可以繼續沿著坡往下滑，這樣就不只滑四十公里了，變成六十多公里了。

「錯過了，就不會再來了。」我不想再錯過任何一件事了，於是我把東西整理好，最後，上吧！

真的越來越覺得自己是神經病，喜歡挑戰爬山和沙漠，但只要我決定了，我就一定要成功。

爬坡的過程跟昨天在沙漠一樣，國罵和三字經全都飆了出來，MP3 裡的灌籃高手主題曲成了我爬坡的動力；國罵加音樂，成了我爬陂的公式了。

下午五點鐘過後，園區大門是沒有警衛的，於是我就大剌剌的直接騎進園區了，賺到一張門票啦！

原來這公園的景點不只是樹和仙人掌，隨著東西海拔高度的不同，會有不同的沙漠景色，是那一座座經過億萬年生成又被沙漠化的巨石，鬆軟的沙質經過長年風化和雨水滲

直達公園入口的鐵馬道

透，形成的特殊景象。因為堆疊的樣子就像樂高積木散落一地一樣，所以我稱它們是「巨人的樂高」。我腦海裡一直在幻想：現在這地方是個炎熱的沙漠區，會不會在幾千萬年前，這裡是水分充沛的地方，動物的物種也非常繁多……？

在涼爽的季節裡，這裡可是攀岩者喜歡來挑戰的地方。

晚上，我躲進一個露營區，被巨大的岩石給包圍住，非常特別的一晚。但今晚真的好吵，附近的一群年輕人在半夜爬上大石頭去探險，頭頂的探照燈一直閃啊閃著，又不停的聊天聊到凌晨三四點，我戴上耳機，但MP3沒電了，翻來覆去的我，實在是忍無可忍了，鼓起勇氣走了過去。

「Could you be quite?」（可以安靜一點嗎？）

也不知道是他們有聽沒聽，那群年輕人還是繼續做自己的事。我是變成了靈魂去跟他們講話嗎？我只好摸摸鼻子回到帳篷裡。

過一下子，就再也沒有聽見他們講話的聲音了，但已經半夜四點鐘，我只剩一個多鐘頭可以好眠了。

前一晚被吵得睡不好，心情大受影響，一早起來臉就開始結屎臉，但那群年輕人已經離開營區了，「他們是不用睡覺的嗎？」我心裡想著。

昨天爬到了山頂，今天我終於可以悠閒的一路往下滑，邊滑邊欣賞大自然的傑作。

旁邊的汽車如同巨人的掌中物

這是我旅程中最後一個國家公園，雖然沒有大峽谷的壯觀，沒有惡地響噹噹的名氣，但卻在這裡體會到沙漠的優美。奇特的樹種，如同握著手的居民向你打招呼，那壯觀的巨石，就好像是他們的家，我好像進入了植物的世界裡一樣。

當然，結果告訴我，當初的選擇是正確的。我沒有因為害怕而避開這座國家公園，我反而選擇去挑戰自己的體能，並勇於面對自己的決定，最後才能親眼看見這麼特別的景象，也更讓我認識了這片恐怖的沙漠區。

老天爺在沙漠區給了好多課題，我在這些課題裡，找到了許多正面能量的答案。

意外中的小確幸

旅程的終點——聖地牙哥

有時一個轉念
勇敢的跳脫出現實的框架
一定會有更多意外的收獲

我停下來，用力吸了一口氣，有種全身放鬆的感覺，我感到好自由！

我在念研究所時，尤金(Eugene)是一位非常照顧我的朋友。他幫我安排了終點線，那是一個位於 La Jolla 的臨海公園。衝過終點的那一刻，我會落下男孩淚嗎？

當天剛好是禮拜六，所以路上騎單車的車友很多，當他們問我要騎去哪時，我都用超興奮的語氣告訴他們：「La Jolla!」

他們很替我感到驕傲，能在這一天完成我的夢想。

到 La Jolla 之前，會有一座小小的州立公園 (Torrey Pine State Park)，在這裡有一段大約兩公里的坡要克服，只要突破這個坡，就是一路下坡回到海邊，最後就到達旅程的目的地了！我、好、興、奮、啊！

終於，終點就在眼前了！

尤金找了好多台灣留學生，這些留學生製作了一條寫著一百零八天、7,450 公里的終點線，為我準備披薩，還有海報、鮮花，以及不能缺少的——台灣國旗。

興奮的心情已經把我的眼淚覆蓋過去了！

謝謝你們的迎接，La Jolla

這些來祝賀我的留學生，年紀都跟我差不多，都是很聰明的小孩，也都讓我好羨慕。曾經我也做過美國夢，小時候想住大農場，高中喜歡上西洋流行音樂，大學時也曾想過要出國念書，但現實的阻礙總會牽絆著我們，如果我們只能接受現實去決定自己的人生，就會一直活在有限的空間裡頭，有時一個轉念，勇敢跳脫出現實的框架，一定會有更多意外的收穫。

當家中發生了這麼重大的變故，我失去了摯愛的母親和姊姊，我的人生給了我一個難題，讓我不知道怎麼走下去，一度想要放棄自己所有的努力。我感覺到人生毫無意義可言，內心的空虛，決定了我的出走。

每個人選擇的路不同，但只要夢想是有理由的，就不會擔心有人會阻止，反而，你會發現，全世界都在幫你。

特別送給我的報導和終點線

右上　克力斯和他的美麗妻子
左上　旅行中的最大支柱
下　　見到海洋的喜悅

後記

當你想要要去做一件事情時
你會漸漸發現全世界的人都在幫助你

這應該是所有旅程的後記了吧！

在旅程結束之後，我在聖地牙哥有將近快一個月的休息時間，除了等待回台灣的班機外，我也安排了我的老婆（當時是女友，我們在二〇一四年夏天結婚了）來加州玩。這是一個機會，倆人手牽著手，遠渡重洋到異鄉旅行。加上我們已經四個月沒有見到面了，滿心期待著那一天的到來。

原本很害怕跟外國人溝通的她，在我的鼓勵之下，終於願意把其中一個晚上的住宿權交給我來決定。我心想，如果我們每次出國都在酒店或旅館內，面對冰冷的地板和沒有感情的房間，多多少少都會失去旅行的樂趣，於是我決定打給克力斯（馬戲團老爸提姆的弟弟），電話裡我告訴他：「我女朋友會來美國找我，然後我們會租一台車，到處遊山玩水，我想給她一個不一樣的體驗，希望能再次拜訪你們。」

克力斯很開心的歡迎我們：「任何時間都可以，只要讓我知道你們到達的時間就好。」

於是我們在旅行的第二晚就去找他們了。

那一晚我和克力斯又再次的聚在一起，他一見到我，就抱著我說：「恭喜你老兄，你

單車族的專用安全道路

現在可說是真男人了啊！」

他的太太也提早下了班，特地回來為我們準備了一餐好吃的墨西哥披薩。

那晚，我們都聊得好高興，就如同好久沒有見面的朋友一樣，聊工作、聊生活、聊彼此的國家、聊那些彼此生活中遇到的討厭鬼，大家都捨不得回房間睡覺。

我和我老婆在美國駕車旅行的一整個禮拜中，這一晚是她印象最特別又最有意義的一晚，我們回到台灣之後，還是會藉由網路和他們分享許多生活中的事情。

我開著車，載她回到我之前騎車經過的小鎮——賽林格門（Seligman），這是位在66號公路上的觀光小鎮，這裡也有著很特別的公路旅館，價格又很便宜，於是我們的人生中多了「在66號公

重回 66 號公路

路住過一晚」的回憶。

當然最特別的就是這裡有各式各樣的招牌，66號公路，已經是這座小鎮的活招牌了。

我們在這地方留下了一張特別的照片，描述著關於我們充滿愛與勇氣的故事，一個願意在我身後默默支持我的女孩，一路給我鼓勵和打氣，陪著我度過了人生的高低起伏。

當初在準備出發前，她死都不相信出國騎車這件事會成真，直到有一晚我坐在電腦螢幕前，回過頭看著她說：「你覺得我要搭幾號的飛機？我要訂票了。」

她才驚覺這次我是來真的。

「不要跟我說這麼多，你就快去快回，不要把我一個人丟在這裡這麼久就好。」她只這樣告訴我，要我自己決定出發和回國的日期，並好好照顧自己的身體就好。

於是我先拿到了一張認同卡，另一張就是要跟我的父親報告這一件事。

「好啊，你很棒，很有勇氣，我支持你。」我父親用簡單的幾句話告訴我，因為他知道，就算他反對並且阻止我去執行這件事，我也還是會不顧一切的出發，與其阻止一件不可能停下來的衝動，不如放手的去試試看吧！

這段故事裡，遇見這麼多不同的人，給了我每一段不同的感觸，也讓我成長了許多，最重要的，是他們帶領著我走出了失去親人的痛，並讓我感受到母親和姊姊其實一直都在我們心裡，陪伴著我。

每一個出現的人，就好像是已經設定好的故事，在何時何會出現在我身邊，給予我什麼樣的的幫助，並教我如何去面對自己的人生。

我身後有兩個支持我的力量，死去的人已經不會再回到我們身邊，但是我們可以去尋找他們存在的意義和遺留給我們的回憶，就好比這趟旅程所發生的一切。而面對還在我們身邊的親友，我們要更努力的為他們而活，為他們而努力，並珍惜身邊的事物。不是嗎？

石田裕輔的《不去會死》一書有提到：「當你想要做一件事時，你會漸漸發現全世界的人都在幫助你。」

這趟旅程，我跟「天使」的緣分，從錫安的 Angles Landing（天使降落處），到大峽谷的 Bright Angle（光明天使步道），還有到加州後的 Los Angeles（洛杉磯），最後我站在美國職棒的天使隊主場 Angles Stadium（安納罕天使球場），每一段都是很感人的故事。有人告訴我，這是因為天使一直都在身邊保護著我，這也是我能平安又順利的原因。

心中的雀躍無法形容，旅程上所遇過的人，見過的壯麗風景，吃過的苦和流過的眼淚，都是一段充滿汗水和淚水的故事，也是我這一生中最感人的一段路。

如果有人問我：「你還會想要再出去騎單車嗎？」

我的答案很肯定：「會！一定還會！」

上 卡爾斯貝 (Carlsbad) 的單車道
中 望著太平洋
下 聖塔安娜河單車道 (Santa Ana River Trail)

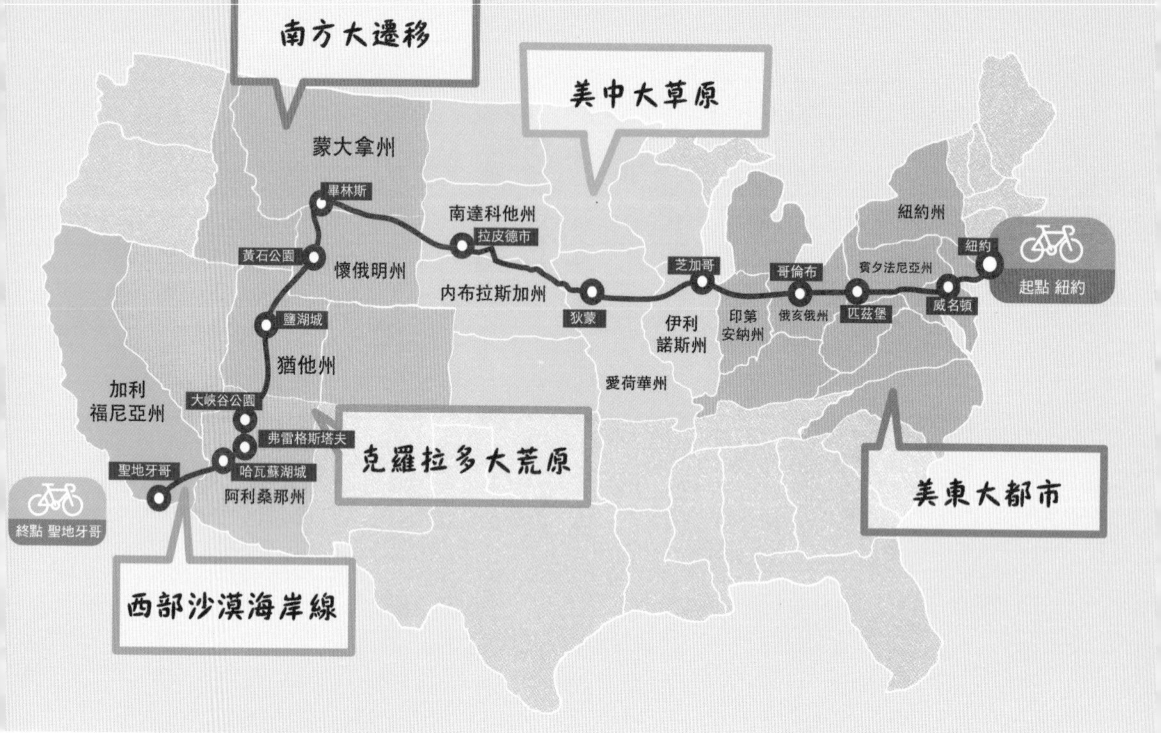
南方大遷移
美中大草原
蒙大拿州
畢林斯
南達科他州
拉皮德市
黃石公園
懷俄明州
內布拉斯加州
鹽湖城
猶他州
狄蒙
芝加哥
伊利諾斯州
印第安納州
愛荷華州
哥倫布
俄亥俄州
匹茲堡
賓夕法尼亞州
紐約州
紐約
威名頓
起點 紐約
加利福尼亞州
大峽谷公園
弗雷格斯塔夫
哈瓦蘇湖城
聖地牙哥
阿利桑那州
終點 聖地牙哥
克羅拉多大荒原
美東大都市
西部沙漠海岸線

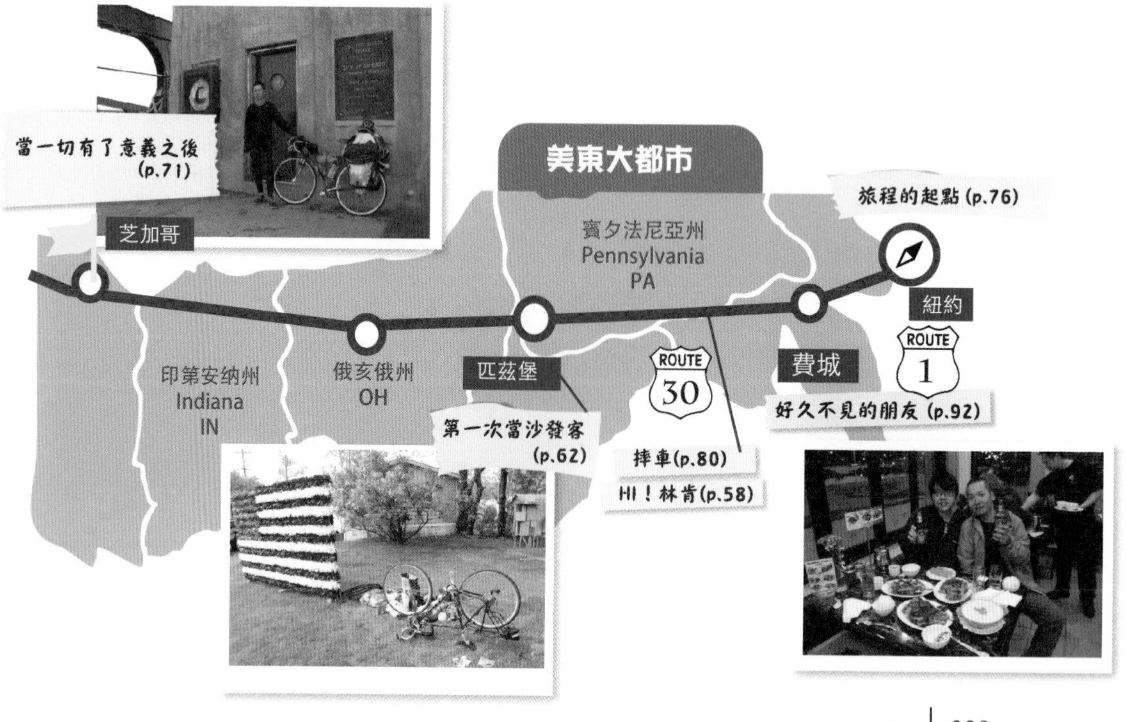
當一切有了意義之後 (p.71)
芝加哥
美東大都市
旅程的起點 (p.76)
賓夕法尼亞州
Pennsylvania
PA
紐約
ROUTE
1
ROUTE
30
費城
好久不見的朋友 (p.92)
印第安納州
Indiana
IN
俄亥俄州
OH
匹茲堡
第一次當沙發客 (p.62)
摔車(p.80)
HI！林肯(p.58)

美中大草原
南達科他州
South dakota SD
拉皮德市
第一座國家公園──惡地(p.172)
黑山見總統(p.154)
18
印第安小天使(p.138)
蛻變成蝴蝶的旅程(p.176)
狄蒙
開始愛上小城鎮
(p.36)
34
內布拉斯加州
Nebraska
NE
愛荷華州
冥冥之中的安排(p.142)
伊利諾斯州
Illinois
IL
克羅拉多大荒原
鹽湖城
是感冒還是脫水
(p.83)
89
夏威夷老爸(p.101)
天使降落的地方(p.134)
布萊斯公園
錫安公園
ARIZONA
89A
大峽谷公園
咪咪(p.87)
弗拉格斯塔夫
畢林斯
救命小鎮(p.146)
我上天堂了──熊牙公路(p.180)
212
物理教授的人生哲
(p.120
老天爺的一幅畫──黃石公園
(p.187)
樂活在傑克遜(p.158)
害羞的少女──大蒂頓公園
(p.192)
懷俄明州 Wyoming WY
89
猶他州
Utah
UT
鹽湖城
南方大遷移
全美死亡率最高的沙漠
(p.201)
66號公路的緣分(p.196)
西部沙漠海岸線
馬戲團老爸(p.112)
CALIFORNIA
62
ROUTE
66
苦難前的度假天堂(p.164)
加利福尼亞州
California
CA
旅程最後的國家公園(p.206)
旅程的終點──聖地牙哥(p.212)
ROUTE
101
聖地牙哥

騎在天使安排的道路上

作　　者　張永威
攝　　影　張永威

總 編 輯　張芳玲
文字編輯　李辰翰
美術設計　謝仔婷（內頁、地圖）許志忠（封面）

編輯部主任　張焙宜
實習主編　林孟儒
宣傳企劃　黃心怡

太雅出版社
TEL　(02)2882-0755
FAX　(02)2882-1500
E-mail　taiya@morningstar.com.tw
郵政信箱　台北市郵政 53-1291 號信箱
太雅網址　http://www.taiya.morningstar.com.tw
購書網址　http://www.morningstar.com.tw
讀者專線　(04)2359-5819 分機 230

發 行 所　太雅出版有限公司
台北市 11167 劍潭路 13 號 2 樓
行政院新聞局局版台業字第五〇〇四號
印　　刷　上好印刷股份有限公司　TEL：(04)2315-0280
裝　　訂　東宏製本有限公司　TEL：(04)2452-2977

二　　版　西元 2018 年 08 月 01 日
定　　價　300 元

國家圖書館出版品預行編目 (CIP) 資料

騎在天使安排的道路上 / 張永威作 . 攝影 .
-- 二版 . -- 臺北市 : 太雅 , 2018.08
面； 公分 . --（夢 . 起飛 ; 504）

ISBN 978-986-336-254-8（平裝）

1. 腳踏車旅行　2. 美國

752.9　　107008343

ISBN 978-986-336-254-8
Published by TAIYA Publishing Co.,Ltd.
Printed in Taiwan

黏貼裝訂處(請勿使用釘書針)

(請沿此虛線壓摺)

這次購買的書名是：

騎在天使安排的道路上　(夢起飛504)

01 姓名：________________ 性別：□男 □女　生日：民國__________年

02 市話：________________ 手機：________________

03 E-Mail：________________________________

04 地址：□□□□□□________________________

05 您的職業類別是：

□製造業　□金融業　□傳播業　□服務業

□自由業　□商業　□家庭主婦　□教師

□軍人　□公務員　□學生　□其他__________

06 您從何得知本書：

□________報紙報導　□________雜誌　□________廣播節目

□________網站　□________書展　□逛書店時無意

□電子報　□朋友介紹　□太雅出版社的其他出版品

07 您對本書的評價？（請填代號：1.非常滿意 2.滿意 3.普通 4.有待改進）

□封面設計　□內頁排版　□故事內容　□作者文筆

08 您一年購買多少本書籍：約________本

09 讓您決定購買這本書的主要理由是？

□文字誠懇，內容感人　□封面設計　□內頁精緻

□題材吸引你　□價格可以接受　□其他__________

10 您會建議本書內容哪個部分，一定要改進才可以更好？為什麼？

____

11 您曾經買過太雅那些書籍？________________________

12 您平常會騎單車嗎？看完本書，是否會想規畫一趟單車之旅？為什麼？

____

13 看完本書，您是否會想閱讀其他由太雅出版，挑戰自我、完成夢想的「夢起飛」系列書籍？為什麼？

____

14 其他心得與建議：________________________

____

填表日期：________年________月________日

(請沿此虛線裁剪)

填問卷，抽好書

(限台灣本島)

凡填妥問卷(星號*者必填)寄回、或傳真回覆問卷的讀者，將能收到最新出版的電子報訊息！並有機會獲得太雅的精選套書！每雙數月抽出10名幸運讀者，得獎名單將於該月10號公布於太雅部落格。太雅出版社有權利變更獎品內容，若贈書消息有改變，請依部落格公布為主。活動時間為2014/07/01～2015/12/31

好書三選一，請勾選

□**放眼設計系列**
(共9本，隨機選3本)

□**吸血鬼日記1、2**

□**優雅女人穿搭聖經**
(共2本)

太雅部落格
taiya.morningstar.com.tw

黏貼裝訂處(請勿使用釘書針)

(請沿此虛線壓摺)

廣	告	回	信
台灣北區郵政管理局登記證			
北台字第12896號			
免	貼	郵	票

太雅出版社 編輯部收

台北郵政53-1291號信箱
電話：(02)2882-0755

請沿此虛線壓摺)

太雅

太雅部落格 http://taiya.morningstar.com.tw

有行動力的旅行，從太雅出版社開始

（請沿此虛線裁剪）

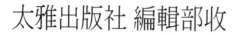